책세상문고 · 우리시대

권리를 상실한 노동자 비정규직

책세상문고 · 우리시대

권리를
상실한
노동자
비정규직

장귀연

책세상

이 책을 쓰는 동안 비정규직과 관련하여 많은 일이 있었다. 새로운 비정규직 보호 법안이 국회에 상정되었고 이에 대해 노동계는 결사 저지를 외쳤다. 노동계는 새 보호 법안이 비정규직을 더욱 확산시키고 불안정하게 만들 것이라 보고 이에 반대했다. 또한 비정규직을 정규직화할 수 있는 법을 제정해야 한다고 주장했다. 그리고 얼마 전 철도 노동조합 파업이 주목을 받았다. 철도 노동자라고 하면 소맷자락을 걷어 올리고 굵은 팔뚝을 드러낸 강인한 남성의 이미지가 떠오르지만, 철도 노동조합이 파업을 포기한 후에도 투쟁을 접지 않고 관리자들과 몸싸움을 벌인 이들은 꽃다운 KTX 여승무원들이었다. 여승무원들은 철도 노동자들 중에서도 비정규직이다. 정규직화에 대한 열망과 절박함이 발랄하고도 여린 처녀들을 투쟁의 장으로 내몬 것이다.

이 책이 출간될 시점에 이 사건들이 어떻게 결말지어질지는 알 수 없는 노릇이다. 여러 해 동안 논란의 대상이 되고 있는 비정규직 법안이 새로 제정될 수도 있다. 하지만 그것보다 더 중요한 것은, 비정규직은 단순히 제도적 문제나 사회의 일시적 사안이 아니라 사회 구조와 관련된 문제라는 것이다. 이미 몇 년 전부터 비정규직의 확산은 한국에서 가장 중요한 사회적 문제가 되었으며 앞으로도 그럴 것이 확실하기 때문이다.

지금 이 책을 읽고 있는 당신은 비정규직이라는 말을 들어보았을 것이다. 전혀 관심이 없다면 책을 집지도 않았을 테니까. 적어도 비정규직 문제가 심각하다고들 하니까 무슨 얘기일까 하는 궁금증에 이 책을 골랐을 것이다. 어쩌면 바로 당신이 비정규직 노동자이기 때문에 이에 대해 좀 더 이해하고 싶어서 책을 집었을지도 모른다. 이 책에서 강조하고 싶은 것은, 비정규직 문제가 '남의 이야기'가 아니라는 것이다. 이것은 내 이야기이기도 하고 당신의 현재 또는 미래의 모습이기도 하다.

　직업을 갖고 직장에 다니는 것은 인생에서 중요한 문제라고 다들 생각한다. 실제로 이것은 우리의 삶에 결정적인 영향을 미친다. 우리는 살아가면서 집에서 가족과 함께 지내기도 하고 친구들과 어울리거나 취미 생활을 즐기기도 한다. 하지만 우리는 훨씬 더 많은 시간과 노력을 일을 하는 데 쓴다. 그리고 노동과 노동으로 인한 소득이 삶의 기반이 된다. 소득이 너무 적거나 지나치게 장시간 노동을 하게 되면 가정 생활이든 취미 생활이든 제대로 유지하기 힘들다. 게다가 우리는 삶의 많은 부분을 노동을 하면서 보내기 때문에 노동이 즐거워야 인생도 즐거울 수 있다. 일자리를 먹고 살기 위한 수단으로만 간주한다 하더라도, 노동과 일터에서 즐거움을 느끼지 못하고 지긋지긋하기만 하다면 행복할 리 없다. 그래서 우리는 모두 '좋은 일자리'를 갖고 싶어 한다. 소득이 충분하고 시간이 여유로우며 일하면서 성취감과 보람을 느낄 수 있고, 동료들과의 관계도 즐거운 그런 일자리. 이러한 조건들이 만족스럽게 갖춰지기는 어렵겠지만 가능한 한 이에 근접한 일자리를 얻으려고 노력한다.

비정규직은 바로 그런 일자리가 파괴되었다는 것을 의미하는 것으로, 일반적으로 이해하고 있는 불쌍한 또는 가난한 노동자층을 지칭하는 것이 아니다. 노동자 중에는 월급으로 500만 원을 받는 사람이 있는가 하면 50만 원을 받는 사람이 있듯이, 비정규직의 직종이나 노동 조건 역시 매우 다양하다. 비정규직은 비숙련 단순노동이나 저소득 직종에만 해당하는 것이 아니다. 비정규직이란 어떤 '상태'를 의미하는 것이 아니라 하나의 '메커니즘'이다. 정규직에 비해 고용주에게 더 쉽게 휘둘릴 수밖에 없고 그로 인해 삶이 불안정해지고 노동 조건이 악화될 가능성이 많은, 그리고 그러한 것이 가능하기 위해 고안된 메커니즘이다.

그러므로 비정규직 문제란 신문에서나 언급되는 이슈로 스쳐 지나갈 것이 아니며 학술적인 논의의 대상인 것만도 아니다. 바로 우리의 삶을 좌우하고 우리에게 중대한 영향을 미칠 '생활의 문제'인 것이다.

이 책에서는 이론적 개념이나 논의는 가급적 배제하려 했다. 그보다는 비정규직 노동자의 구체적인 경험들을 드러내고자 했다. 경험이라고 해서 그것이 한 개인에게 종속되는 문제라거나 한 기업의 문제인 것은 아니다. 이것은 앞서 말했듯 하나의 사회적 메커니즘으로, 오늘날의 자본주의가 세계화를 통해 개인의 삶을 규정해나가는 것과 관련 있다.

여기서는 노동자들의 구체적 경험을 살펴보기 위해서 여러 자료들을 인용했다. 특히 전국 불안정노동 철폐연대를 통해 만난 비정규직 노동자들의 증언이 크게 도움이 되었다. 또한 지인들의 경험도 녹아들어가 있다. 비정규직 노동자가 임금 노동자의 절반을 넘는 상황에서 당신도 눈만 돌리면 곁에서 많은 비정규직 노동자들을 발견할 수 있을 것이다. 어쩌면 이미 당신도?

1999년 일용·임시직 노동자가 상용직 노동자보다 많아졌고 그 수가 절반을 넘어섰다는 통계청의 발표 이후 그 추세는 역전되지 않고 있다. 비정규직 노동자가 다수를 차지하는 시대가 온 것이다.

그러나 이 수치는 그다지 중요하지 않을지도 모른다. 50%를 넘어선 것은 1999년이지만, 이전에도 일용·임시직 노동자의 비율은 40% 이상을 유지해왔다. 즉 노동자의 상당수가 정규직이 아니었던 것이다. 이들은 보통 노가다나 허드렛일을 하는 비숙련 노동자이거나 안정적인 직장을 찾기까지 일시적 아르바이트를 하는 사람으로 간주되었다. 따라서 그동안 비정규직은 기업과 기업에 고용된 노동자의 관계로서 이해되기보다는 주변 노동자층이나 비공식 부문이라는 개념을 통해 빈곤 문제의 연장선상에서 파악되었다. 다르게 말하자면, 웬만한 학력과 기술을 갖춘 사람이라면 그럭저럭 안정적인 직장을 잡고 별일 없는 한 그 직장에서 계속 근무할 수 있다고 생각했다.

그러나 상황은 달라졌다. 국제통화기금(IMF)의 구제금융까지 불러온 1997년 말 경제 위기 직후 수많은 노동자들이 실업자가 되었다. 근래에 실업률은 다시 예전 수준이 되었고 '위기를 극복하고 경제가 회복되었다!'는 소리가 요란하지만, 직장에 다닌다는 것이 의미하는 바는 이미 예전과 같지 않다.

최근 몇 년 사이 '안정적인 직장이 사라졌다'는 말을 많이 듣는다. 이것은 구체적으로 두 가지 형태로 드러난다. 하나는 1997년 경제 위기 때 도입된 정리해고제다. 이를 통해 기업은 '경영상의 이유로' 노동자를 해고하는 것이 가능해졌다. 즉 기업이 원하는 대로 노동자를 '자를' 수 있는 것이다. 물론 정규직 노동자들을 대량 정리해고하기 위해서는 여러 조건들이 충족되어야 하는 제약이 있긴 하다. 그러나 이른바 '명예퇴직'이라든지 이런저런 압력을 노동자에게 넣어서 스스로 그만두게 하는 방법은 많다. 다른 하나는 기업들이 노동자를 비정규직으로 고용하기 시작한 것이다. 정리해고제가 법적으로 도입된 것보다 더 큰 문제가 바로 기업의 구조 조정이 일상화된 것이다. 기업의 입장에서는 비정규직으로 고용하면 정리해고 단서 조항과 무관하게 그리고 쉽게 구조 조정을 할 수 있으며 임금을 적게 줄 수 있는 등의 이익이 있다. 실제로 현재 일자리를 구하는 사람들은 정규직을 찾기가 쉽지 않을 만큼 비정규직 채용이 급속도로 증가하고 있다.

비정규직이 중요한 사회 문제로 대두하면서 이에 대한 연구도 활발해졌다. 통계청의 '경제활동 인구조사'의 분류가 실제 비정규직의 규모와 형태를 제대로 반영하지 못하고 있다는 지적이 나오면서 2000년부터 부가 조사를 통해 다양한 비정규직 고용을 조사하고 있으며, 이를 기반으로 여러 연구 기관에서 매년 비정규직 실태를 분석한 보고서들을 발표하고 있다. 그러나 이것은 실태 분석에 그치고 있는 형편이다.

한편 비정규직화의 메커니즘을 분석하는 연구들은 주로 노동 시장 구조의 변화라는 관점에서 접근하고 있다. 즉 이러저러하게 산업 구성이 변했고 기업이 필요로 하는 기술이나 노동자 구성도 변했으며 그에 따라 기업이 이러저러한 이유에서 비정규직을 선호하고 있다는 식으로 분석하는 것이다.

그러나 이 책에서는 기본적으로 '노동자의 권리'라는 측면에서 비정규직 문제에 접근하고자 한다. 기업의 입장이 아니라 노동자의 입장, 즉 직업을 갖고 직장에 다니며 돈을 벌어 살아가는 삶에 비정규직의 메커니즘이 어떻게 개입하는지를 살펴보려는 것이다.

그러므로 이 책은 노동자와 노동자의 권리에 대한 정의에서부터 시작한다. 제1장에서는 노동과 노동자의 개념에 대해 알아보고, 노동자 중에서 임금 노동자의 특성과 이들의 권리가 수립되는 과정을 본다. 그리고 비정규직의 유형을 살펴보면서 이러한 유형이 단순히 형태별 분류에 그치는 것이 아니라 노동자의 권리를 파괴하는 방식임을 설명할 것이다.

제2장에서는 비정규직화의 원인과 경로를 살펴본다. 구조적인 차원에서 비정규직화는 자본주의 작동 방식의 변화와 관련되어 있다. 이러한 구조적 변화를 살펴본 후, 기업이 왜 비정규직을 선호하는지를 검토하고, 몇몇 부문의 사례를 들어 비정규직을 양산하는 경로를 볼 것이다.

제3장은 제2장과 쌍을 이룬다. 제2장이 기업의 입장에서 비정규직화 과정을 보는 것이라면, 제3장은 노동자의 입장에서 비정규직화가 어떤 의미를 지니는지를 살핀다. 기업이 비정규직을 사용함으로써 이익을 얻는 반면 노동자는 불리한 입장에 처하게 되며, 따라서 이에 대한 노동자들의 저항이 발생한다.

제4장은 비정규직 문제의 해결에 관한 쟁점들을 검토한다. 비정규직 문제를 어떻게 해결할 것인가를 두고 여러 방안이 제시되고 있다. 그러나 비정규직이 단순히 상태를 의미하는 것이 아니라 노동자의 권리를 파괴하는 메커니즘이라면 비정규직 노동자의 상태를 보호하는 것은 미봉책에 그치기 쉽다. 따라서 해체되는 노동권의 개념을 근본적으로 재구성할 필요가 있다.

사회적으로 비정규직 문제가 중요한 이슈로 부각되는 것에 비해, 실태 보고서나 정책 보고서를 넘어서서 일관된 시각을 갖고 비정규직이라는 주제를 총체적으로 다룬 책은 아직 찾아보기 힘들다. 논문은 상당수 발표되는 편이지만, 논문이라는 성격상 특정한 측면이나 사례에 초점을 맞춘 것이 대부분이다(중요한 논문은 이 책 〈더 읽어야 할 자료들〉에 소개해 놓았다). 학문은 대체로 현실을 앞서가기보다 뒤따라가는 것이 보통이다. 현실에서 나타나는 흐름을 정리하고 체계적으로 분석하는 것이 학문의 일차적인 역할이며, 이에 근거해서 예측이나 전망 역시 가능하기 때문이다. 그러므로 이 책 또한 설익은 시도일 수 있다.

이 책의 내용에 오류나 예단이 있을지 모르지만 다음 몇 가지만은 독자들과 비정규직 문제에 관심 있는 사람들이 유념해 주기를 희망한다. 첫째, 비정규직화란 비정상적인 일시적 현상이 아니며 일부 노동자들의 취약한 상태를 의미하는 것이 아니다. 둘째, 세계 자본주의의 작동 방식의 변화와 관련된 구조적 메커니즘이 노동자에게 미치는 영향에 대해서 좀 더 분석적인 구조적 접근이 필요하다. 물론 많은 보고서와 논문이 비정규직 노동자들이 불안정하고 열악한 상황에 처해 있으며 정규직 노동자와 비정규직 노동자의 처우에 격차가 있음을 보여준다. 그리고 그에 근거해서 주로 정규직 노동자로 이루어진 노동조합이 비정규직 노동자를 방치하는 경향이 있다고 질타하기도 한다. 그러나 이러한 논의들은 현상을 묘사하는 데 머무른다. 이 책은 거기서 더 나아가 역사적으로 수립되었던 노동자의 권리를 체계적으로 파괴하는 방식인 비정규직화라는 메커니즘을 조명하고자 한다.

이제는 상태와 현상에 대한 묘사를 넘어서서 역사적이고 구조적인 메커니즘으로서 비정규직 문제를 분석해야 한다. 이러한 시야가 기반이 될 때 전망과 대안 역시 가능할 것이다. 이 책이 비록 어설픈 시도일지라도 이러한 사고와 논의의 발전에 조금이라도 기여할 수 있다면 바랄 나위가 없다.

제 1 장 　　　　　　　　　　　**당신은**
어떤
노동자인가

1. 노동자란 누구인가

첫 번째 질문. 지금 이 책을 펼친 당신은 노동자인가? 이 책을 쓰는 나는 노동자다. 그리고 당신 역시 노동자라는 것을 72%라는 통계를 바탕으로 나는 확신한다.[1] 앗, 틀렸다고? 혹시 학생 또는 취업 준비생? 대부분의 젊은이들은 부모에게서 받는 용돈 외에도, 아르바이트를 해서 돈을 벌고 있다. 이런 점에서 그들은 어느 정도는 노동자라고 할 수 있다.

그런데 돈을 벌고는 있지만 당신은 노동자가 아니라고? 당신이 갖고 있는 노동자의 이미지가 어떤 것인지 궁금하다. 건축 현장에서 등짐을 지고 비계를 오르는 이른바 막일꾼이나, 노동자대회에 참가해 빨간 머리띠를 두르고 주먹 불끈 쥔 사람? 이런 이미지 때문에 당신은 노동자 대신에 회사원이라는 명칭을 떠올렸을 수도 있고, 전문가나 엔지니어라는 직종을 내세울 수도 있다. 그러나 회사원, 전문가, 엔지니어 등은 모두 노동자에 포함된다.

그렇다면 노동자란 누구를 말하는가. 말 그대로 노동자는 '자신이 노동한 대가로 살아가는 사람'이라고 할 수 있다. 그리고 살아가기 위해 필요한 것들을 대체로 돈으로 구입하는 현대 사회라는 점에서 볼 때, 노동자는 일을 해서 돈을 버는 사람이라고 생각할 수도 있다.

직장에서 월급을 받는 임금 노동자, 농사를 짓는 농민, 자영업을 하는 사람은 모두 넓은 의미에서 노동자라고 볼 수 있다. 이에 반해 은행 이자나 주식 투자로 돈을 벌거나 토지나 건물을 빌려주고 수익을 얻는 사람은 노동자라고 할 수 없다. 이 차이를 좀 더 잘 이해하기 위해서는 노동이 무엇인지부터 생각해볼 필요가 있다.

(1) 태초에 노동이 있었다

동물의 세계와 인간 사회를 다르게 만드는 것은? 바로 노동이다. 생뚱맞은 답변처럼 들릴지 모르지만 노동의 개념이 그러하다.

아프리카 초원에서 펼쳐지는 동물의 세계를 그려보라. 영양한 마리를 사냥한 사자가 고기를 배불리 먹는 장면을 생각해보자. 사자는 영양 고기를 훈제하여 통조림으로 저장했다가 식탁 위에 올려놓고 나이프로 썰어 먹지는 않는다. 사자는 피가 흐르는 생고기를 뜯어 먹는다. 그리고 포식한 후 어슬렁어슬렁 그늘로 가서 잠을 청한다. 침대에서 자거나 잠옷을 입고 자는 사자는 없다.

하지만 인간은 다르다. 음식물을 섭취해야만 살 수 있는 것은 다른 동물과 마찬가지지만, 곡식이든 고기든 가공을 하고 요리를 해서 식기에 담아 먹는다. 건물을 짓고 가구를 들이고 옷을 입고 산다. 냇물을 마시는 것이 아니라 수도를 건설하고, 다니기 편하게 길을 포장하고, 차를 탄다. 우리는 이를 동물의 군집과 다른 인류 문화나 문명이라고 부른다.

동물은 자연 그대로 살아가지만 인간의 생활은 그렇지 않다.

잠깐 눈을 들어 주위를 한 바퀴 둘러보라. 내가 있는 건물, 앉아 있는 의자, 지금 보고 있는 책, 입고 있는 옷…자연 그대로인 것은 하나도 없다.

그러나 다른 한편으로 생각해보면 이 모든 것을 구성하는 원료 중 자연에서 나오지 않은 것은 없다. 지금 읽고 있는 이 책은 원래 나무였다. 인쇄소의 기계는 땅속에 묻혀 있던 광석을 캐내 가공한 것이다. 그 기계를 돌리는 전기는 석유를 채취해서 발전소에서 변환한 것이다. 헤아릴 수 없이 복잡하고 많은 단계를 거치지만, 궁극적으로 자연이 없다면 아무것도 만들 수 없다.

자연의 원료가 요술처럼 순식간에 모습을 바꾸어 우리 생활에 필요한 것으로 나타나지는 않는다. 사람들이 무언가를 했기 때문에 이러한 생산물들이 만들어지는 것이다. 이렇게 사람들이 하는 활동이 바로 '노동'이다.

잠시 책을 읽는 것을 멈추고 손에 든 책을 가만히 들여다보라. 이 책이 당신 손에 쥐어지기까지는 수많은 사람의 다양한 정신적·육체적 작용이 있어야 한다. 언뜻 생각해봐도 글을 쓴 필자의 노동, 책을 기획하고 편집한 출판사 직원의 노동, 인쇄소 직원의 노동, 서적 유통업체에서 일하는 사람의 노동, 책을 운반한 트럭 기사의 노동, 서점 점원의 노동이 필요하다. 그뿐이랴. 펄프 공장의 노동자, 펄프의 원료인 나무를 벌목한 노동자, 인쇄기를 만드는 공장의 노동자, 인쇄기를 만드는 기계를 만드는 노동자, 인쇄기를 만드는 기계를 만드는 기계의 부속품을 만드는 노동자…이 얇은 책 한 권에 포함된 무수한 노동이 보이는가?

쉽게 가늠이 가지 않을 정도로 복잡한 과정이다. 더군다나 현대 산업 사회에서는 그 과정이 더 복잡해졌다. 옷을 예로 들어보자. 직접 식물을 재배하고 실을 자아 자신이 입을 옷을 만들던 먼 옛날이라면 비교적 간단하게 헤아려볼 수 있다. 삼이나 목화를 재배하고 수확하는 노동, 실을 잣고 천을 만들어 옷을 만드는 노동이 필요하지만 이 과정은 그다지 복잡하게 분업화되어 있지 않았으므로 한 가족 내에서 할 수 있었다. 목제 물레와 베틀을 만드는 나무꾼과 목공의 노동이 있으면 된다. 그러나 현재 우리가 옷을 입기까지의 경로는 일일이 셀 수 없이 복잡해 심지어 그 과정에서 일하는 사람조차 자신의 노동이 옷이라는 생산물로 나타난다는 것을 모를 수도 있다. 목공은 적어도 자신이 제작한 물레가 옷을 만들게 되리라는 것을 알지만 방적기의 기계에 들어가는 볼트를 만드는 노동자는 지금 자신이 입고 있는 옷을 만드는 데 스스로 한몫했음을 상상하기는 어렵다.

그래서 우리는 살아가기 위해 필요한 모든 것이 인간의 노동을 통해 이루어진다는 점을 쉽게 잊어버린다. 때로는 사람의 노동이 아니라 기계가 생산에서 더 중요한 몫을 하는 것처럼 보이기도 한다. 그러나 원천을 따지고 들어가면 기계 자체도 인간의 노동이 집적되어 만들어진 것이다.

결국 복잡성의 차이는 있지만, 고대에서부터 현대 사회에 이르기까지 인간의 문명이란 근본적으로 자연에 노동이 더해져서 이룩된 것이다. 자연이 없다면 인류 자체가 존재하지도 않겠지만, 노동이 없다면 인간의 생활은 동물의 생활과 다를 바 없을 것이다.

(2) 그리고 생산 수단이 있었다

인간의 문명을 만들어내는 것은 노동이지만 이 노동은 '생산 수단'과 결합되어야 한다. 인간이 허공에 꽃을 피우는 마술사가 아닌 이상 무에서 유를 창조할 수는 없다. 씨를 뿌려 수확을 하려면 땅이 필요하고 곡식의 종자가 필요하다. 이처럼 노동이 행해지는 데 필요한 것을 생산 수단이라고 부른다. 생산 수단은 토지처럼 자연적인 것일 수도 있고 기계나 건물과 같이 인간의 노동이 투입된 것일 수도 있다.

생산 수단이 필수적이긴 하지만, 앞서 말한 대로 인간의 사회와 문명을 만들어내는 과정 자체는 노동이다. 인간이 사용하지 않는 땅은 자연 그 자체로서는 동물들의 터전일 뿐이다. 생산 수단을 아무리 늘어놓아도 거기에 인간의 노동이 더해지지 않는다면 아무것도 이루어지지 않는다.

공산주의 체제의 경우, 사람들이 각자 노동을 함으로써 사회에 기여하기 때문에 생산 수단은 사회가 공유하는 것이 바람직하다고 보았다. 하지만 역사적으로 생산 수단의 사적 소유를 인정한 사회가 훨씬 많다.

생산 수단의 사적 소유를 인정한다는 것은 무슨 뜻인가? 영국의 철학자 로크John Locke는 인간이 자신의 노동으로 얻은 대가를 가질 권리가 있다는 근거를 들어 사적 소유를 옹호했다. 그러나 실제로는 노동을 하지 않고 생산 수단을 소유하는 것만으로도 이익을 낼 수 있다. 예를 들어 지주는 다른 사람에게 농사를 지을 땅을 빌려주고 그 사람의 노동으로 생산한 수확의 일부분을 가짐으로써 일하지 않고 살아갈 수 있다.

과거와 달리 훨씬 더 복잡해진 현대 사회의 생산 수단의 경우도 마찬가지다. 건물, 기계, 토지 등 노동을 통해 사회에 필요한 것들이 생산되는 것을 소유하고 있다면, 그것에서 발생하는 이익의 일부분을 가져갈 수 있다. 자본주의 사회에서는 이처럼 생산 수단을 소유하는 것을 흔히 '자본'이라 한다. 대표적으로 주식을 보유하는 것을 들 수 있는데, 기업의 소유권을 가짐으로써 기업 이윤의 일부분을 얻는다. 이것은 노동의 대가로 얻는 것과는 성격이 다르다.

지금까지 살펴본 것처럼 사람들이 생활하기 위해 필요한 것(현대 사회에서는 주로 돈으로 표현된다)을 얻는 데는 두 가지 방법이 있다. 일을 해서 대가를 받아 생계를 꾸려나가거나, 주식 투자나 부동산 임대, 금융 이자(금융은 주로 생산 수단에 투자된다) 즉 생산 수단을 소유함으로써 살아가는 것이다. 하지만 실제로는 한 개인이 이 두 방법을 병행하기도 한다. 직장에 다니면서 주식 투자를 하는 경우가 그렇다. 따라서 어떤 사람이 노동자인지 아닌지를 판별하기 위해서는 그의 생활에서 생산 수단이 차지하는 비중을 따져봐야 한다. 자산만으로도 충분하지만 즐거움이나 성취감을 위해 직업을 갖는다면 그는 노동자가 아니다. 월급으로 생활비를 충당하지만 쓰고 남은 돈을 저축한 결과 이자를 받게 되었다면 그는 노동자다.

이 책을 쓰는 나는 노동자이며 대다수 사람들이 나와 같은 노동자라고 확신한다. 실제로 일하지 않고 먹고살 수 있는 사람은 소수에 불과하다. 자, 이제 처음에 했던 질문을 다시 해보자. 당신은 노동자인가?

2. 임금 노동자란 무엇인가

두 번째 질문. 이 책을 펼친 당신은 임금 노동자인가?

나는 임금 노동자이며, 당신이 노동자라면 임금 노동자라는 것을 67%의 통계를 바탕으로 믿는다.[2]

임금 노동자라는 개념은 어렵지 않다. 임금 노동자는 노동자 중 어딘가에 고용이 되어 임금을 받는 노동자를 지칭한다. 즉 직장에 다니는 사람은 대체로 임금 노동자다.

(1) 확산되는 임금 노동자

앞에서 설명한 노동과 생산 수단의 소유라는 두 범주를 가지고 사람들이 생활을 꾸려나가는 방식을 좀 더 자세히 분류해보자. 우선 생산 수단의 소유를 통해 얻는 소득으로 일하지 않고 살 수 있다. 앞서 말한 대로 이들은 노동자가 아니다. 두 번째로 노동을 하되 자기 생산 수단을 갖고서 하는 경우가 있다. 자영농이나 자영업자가 이에 해당한다. 농민은 자기 땅과 농기계를 소유하고, 그 생산 수단에 자기 노동을 더하여 수확하고 소득을 얻는다. 소상인도 마찬가지다. 자신의 자본으로 제품을 사들인 후 직접 그것을 파는 노동을 함으로써 생활을 해나갈 돈을 번다. 이들을 자영 노동자라고 부르자. 마지막으로 생산 수단을 전혀 갖고 있지 않아 생산 수단을 가진 누군가에게 고용되어 일을 하고 그 대가로 살아가는 경우가 있다. 이처럼 노동을 제공하고 받는 대가가 임금이며, 이것을 받는 사람이 임금 노동자다.

현대 산업 사회에는 자영 노동자도 적지 않지만 대체로 임금 노동자가 다수를 차지한다. 현대 산업은 대량 생산과 대량 유통을 기본으로 하기 때문에 자영 노동이 이뤄지기 힘들다. 또한 기계나 설비 같이 인간의 노동이 집약된 생산 수단은 가격이 비싸고 생산과 유통 과정이 복잡해서 대자본을 바탕으로 한 기업이 소유할 가능성이 높다. 따라서 생산 수단은 주로 기업의 형태로 조직되며 노동은 기업에 고용되어 임금 노동자의 형태로 생산 수단과 결합한다.

자영 노동이 어려워지고 자본주의적 기업이 융성하는 상황은 경쟁과 자본의 집중으로 더욱 강화된다. 자본이 많을수록 경쟁에서 유리하므로 기업 간 경쟁에서도 소자본의 기업은 경쟁에서 탈락하기 십상이며 시장에 진입하는 것 자체가 어려워진다. 하물며 자영 노동은 말할 것도 없다. 이러한 경향은 지속되고 있다. 예를 들어 대규모 유통 기업이 활성화되면서 동네의 작은 자영 가게들이 곤란을 겪게 되는 일이 그렇다. 이에 따라 자본주의 사회에서는 다수의 노동자들이 기업에 고용된 임금 노동자의 형태로 존재하게 된다.

예전에는 임금 노동자를 공장에서 일하는 블루칼라 노동자와 사무실의 화이트칼라 노동자로 나누는 것이 일반적이었지만, 그 구분은 차츰 의미가 없어지고 있다. 우선 이 구분은 사무직 노동자들은 교육 수준이 높고 지적 노동을 하며 그만큼 노동 조건이 좋은 반면 생산직 노동자들은 기계에 매달려 단순 반복 노동을 한다는 이미지를 내포하고 있지만, 그러한 경계는 점점 흐릿해지고 있다. 기업의 규모가 커지면서 관리 노동과 사무 노동이 크게 증가함에 따라 하급 사무직이 늘어났으며, 이들은 비록 사무실에서 일하지만 생산직 노동자에 비해 노동 조건이 그다지 좋은 것은 아니다.[3] 하루 종일 사무실에서 타이핑을 하거나 계산만 하는 노동이 생산직 노동에 비해 더 지적인 노동이라고 보기는 어렵다. 하급 경리 직원이 생산직 노동자에 비해 더 교육을 많이 받았거나 임금을 많이 받는 것도 아니다.

이러한 요인들 외에 근본적으로 기존의 블루칼라와 화이트칼라라는 구분이 무의미해지는 원인은, 기존의 분류 방법으로는 분류할 수 없는 애매한 직종이 크게 늘어나고 있기 때문이다. 근래 가장 팽창하는 부문인 서비스 노동이 대표적인 예다. 대형 마트에서 판매를 하는 노동은 공장 노동만큼이나 힘들다. 전화 교환원의 일은 컨베이어 방식의 일처럼 단순 반복적이다. 이들 서비스 산업의 노동자들은 전통적인 의미에서 블루칼라라고 하기도 어렵고 화이트칼라라고 하기도 어렵다.

근래에 이러한 노동자들이 급증하고 있다. 이것은 점점 더 많은 노동이 임금 노동화되는 것을 반영하는 것이기도 하다. 10여 년 전에는 소비 물품이 주로 자영 노동자들에 의해 동네 가게에서 판매되었지만, 지금은 유수한 대기업이 경영하는 대형 마트에 고용된 임금 노동자들이 담당하고 있다. 어린아이를 돌보는 노동 역시 예전에는 주로 가족 내에서 이뤄졌지만, 요즘은 부모가 모두 임금 노동자로서 직장에 나가고 아이는 역시 임금 노동자를 고용한 어린이집에 맡겨지는 일이 많다. 자본주의가 발전한다는 것은 우리의 생활을 떠받치는 노동들이 기업에 고용되는 자본주의적 관계로 재편된다는 것을 의미하고 임금 노동자는 더 늘어나게 된다.

그러면 임금 노동자가 자영 노동자와 다른 점은 무엇인가? 첫째, 임금 노동자는 생계를 전적으로 고용에 의지한다는 점이다. 노동을 제공하는 대가인 임금으로 살아가는 임금 노동자는, 생산 수단의 소유권자(또는 그것을 대리하는 기업)에 고용이 되지 않을 경우 당장 생계가 곤란해진다. 당신의 가족 중에는 분명히 임금 노동자가 있을 것이다. 그가 실직한 상황을 상상해보라.

둘째, 임금 노동자는 일하는 데 있어서 자율성을 상실하고 지시와 통제에 따르게 된다. 이는 상인이나 예술가 같은 자영 노동자와 비교해보면 쉽게 이해되는데, 이들은 자신의 노동 시간과 노동 과정을 스스로 조정한다. 슈퍼마켓 주인은 집안 일이 있으면 누구의 허락을 받을 필요 없이 며칠간 가게 문을 닫을 수 있고, 작가는 자기가 편한 대로 작업 시간을 결정할 수 있다. 그러나 임금 노동자, 즉 직장인은 정해진 시간에 출근해야 하고 정해진 시간 동안 정해진 일을 해야 한다. 게다가 직종과 직무에 따라 정도의 차이는 있지만 대개는 자신보다 직위가 높은 관리자의 지시와 감독을 받는다.

이러한 두 가지 점 때문에 임금 노동자는 고용주에게 종속적일 수밖에 없는데, 이것을 각각 '노동 시장에서의 종속성'과 '노동 과정에서의 종속성'이라고 한다. 전자는 일을 하고 돈을 버는 것이 고용주에게 달려 있다는 것이고, 후자는 일을 하는 데 있어서 고용주가 시키는 대로 일을 해야 한다는 것이다. 임금 노동자는 실직한 상태로 오래 버틸 수 없기 때문에 노동 조건이 마음에 차지 않더라도 받아들여야 하고, 고용된 후에도 해고당하지 않기 위해 전전긍긍하게 된다. 게다가 자신이 알아서 일하는 것이 아니라 시키는 일을 하는 것이기 때문에 고용주의 눈치를 볼 수밖에 없다. 직장인들이 흔히 말하듯이 고용주는 임금 노동자의 생사여탈권을 쥐고 있다.

이렇다 보니 인간다운 생활을 유지하지 못할 정도로 노동 조건이 열악할 가능성도 있고, 고용주에게 노예처럼 매여 살 수도 있다. 이처럼 임금 노동자의 삶이 온전히 고용주의 처분에 달려 있어서야 민주주의라는 말이 무색할 지경이다. 고용주에 대한 임금 노동자의 취약성과 종속성을 개선해야 한다.

(2) 노동권 수립 ― 임금 노동자들의 투쟁

고용주는 마음만 먹으면 임금을 돌아가며 깎을 수 있습니다. 즉 어떤 직조공에게 다른 사람들은 그보다 훨씬 적은 임금으로 일을 하니까 임금을 조금만 받아라, 그렇지 않으면 일을 주지 않겠다고 합니다. 그리고 똑같은 말을 나머지 사람들에게도 하죠. 그런데 우리는 이 말이 진짜인지 거짓말인지 알아내기도 어렵고, 또 그러려면 시간도 많이 뺏길 테고, 그러는 사이에 다른 사람들이 끼어들어서 일을 채갈까 봐 두렵기도 하고…서로 시기하고 분노하는 마음이 생겨서 분열되고…이 모든 것이 어울려서 확실히 임금이 떨어지게 됩니다.[4]

이것은 1834년 현대적 산업자본주의의 발생지인 영국에서 한 노동자가 증언한 것이다. 오늘날과는 시간적 거리가 있지만 자본주의가 도입되고 임금 노동자가 처음 형성되던 시기인 만큼 자본주의적 관계의 속성을 잘 보여주고 있다.

자기 땅이나 점포를 갖고 있는 자영 노동자와 달리 임금 노동자는 일단 고용이 되어야 먹고 살 수 있으며, 임금이 높을수록 생활은 윤택해질 것이다. 반대로 기업의 입장에서는 임금 비용이 적게 들수록 이윤이 많이 남을 터이므로, 고용주는 가능한 한 임금을 줄이려고 한다. 이에 대한 규제가 없을 경우 임금은 떨어지거나 낮은 수준으로 유지되는 경향이 있다. 이것은 노동자들끼리 서로 경쟁하기 때문이다. 앞에서 영국의 노동자가 말한 대로 고용주가 다른 사람을 고용하겠다고 하면 생계를 꾸릴 다른 수단이 없는 노동자는 낮은 임금을 비롯한 열악한 조건을 감수할 수밖에 없다.

물론 일자리가 많아 어디에나 쉽게 취직할 수 있다면 문제가 되지 않는다. 오히려 고용주가 노동자를 확보하기 위해 경쟁할 것이고 임금은 올라갈 것이다. 현실적으로 이러한 경우가 없지는 않다. 어떤 산업이 급격히 팽창한 경우, 특히 아무나 쉽게 대체할 수 없는 기술을 가진 노동자를 필요로 하는 경우에는 이러한 상황이 발생한다.

그러나 일자리는 부족하고 일자리를 구하려는 노동자들은 넘쳐나는 상태가 더 일반적이다. 따라서 이를 그대로 내버려 두었을 때 많은 노동자의 임금이 최저 생계를 유지하기도 어려울 만큼 하락하게 된다. 그리고 그 결과는 역사가 보여주듯 참담했다. 자본주의가 발전한 유럽과 미국의 19~20세기 초의 기록들은 상당수의 임금 노동자들이 비참한 생활에 처해 있었음을 알려준다. 하루 15~16시간의 노동, 매를 맞아가며 일하는 열 살 남짓한 아이들, 변변한 가구조차 없는 단칸방, 불구가 된 탄광의 노동자, 영양실조로 파리해진 여성 점원.

다음은 1835년 영국의 한 밧줄 공장에서 일했던 열한 살짜리 소년의 말이다.

그 사람들은 우리가 잠이 들면 가죽끈으로 때렸습니다. 캐슬즈는 내 엄지손가락만 한 굵은 밧줄을 두 겹으로 꼬아 매듭을 짓는 일을 했습니다. 나는 아침 6시가 조금 못 돼서, 때로는 5시에 공장에 나가서 밤 9시까지 일했습니다. 어느 날인가는 밤새도록 일했습니다…우리는 돈을 벌어 쓰고 싶었습니다…내 동생이 나를 돕고 있습니다. 그 애는 7살입니다.[5](중략은 인용자)

19세기 말 독일 도시에는 셋방 있음이 아니라 '세(貰)침대 있음'이라는 팻말이 붙어 있곤 했다. 방 한 칸이 아니라 겨우 침대 하나를 생활 공간으로 빌릴 수 있었던 것이다. 20세기 초 미국의 한 여성 노동자는 이렇게 말했다.

> 나는 살아나간 것이 아니라 그냥 살아 있었어요. 삶이라고 부를 수 있는 생활을 할 수 없었지요. 옷 한 벌이나 구두 한 켤레를 살 돈을 모으는 데 몇 달이 걸렸어요.[6]

물론 이것은 한 세기나 그 이전의 일이다. 그러나 이러한 결과를 야기했던 원인은 현재도 지속되고 있다. 생산이 기업에 의해 조직되고 자본주의적 관계가 확산됨에 따라 자영 노동이 몰락하고 임금 노동자가 확대되는 과정 말이다. 삶을 고용에 의존하는 임금 노동자가 지나치게 낮은 임금밖에 받지 못한다면 그의 생존은 위협받을 수밖에 없다.

이러한 상황을 막을 수 있는 방법으로 무엇이 있을까? 우선은 임금 노동자들이 스스로 경쟁을 극복하고 단결하는 것이다. 예컨대 노동자들이 고용주가 어느 정도의 임금과 노동 조건을 보장해주지 않는다면 일을 하지 않겠다고 할 수 있다. 앞서 언급한 영국 노동자의 말을 뒤집어 말하자면, 이것이 가능하기 위해서는 노동자들 사이에 의사소통이 원활해야 하고 다른 사람이 일자리를 뺏어가지 않을 것이라는 확신, 즉 노동자들이 서로 경쟁하면서 "시기하고 분노하는 마음이 생겨서 분열"하는 일 없이 단결해야 한다. 이를 위해 임금 노동자들이 만든 조직이 노동조합이다.

이외에 임금 노동자들이 비참한 상태로 전락하는 것을 방지하는 또 다른 방법으로 법적 규제가 있다. 임금 노동의 직종은 매우 다양하고 임금 수준이나 생활 정도도 천차만별이다. 그런데 앞의 증언에서 드러나듯이 고용주가 마음대로 노동 조건을 결정할 수 있다면 그 최저 수준은 무한정 떨어진다. 그러나 만약 노동 시간을 법으로 정해놓는다면 비인간적인 장시간 노동은 없어질 것이다. 그리고 아동 노동을 금지하거나 건강에 해로운 노동 환경을 규제하는 법을 제정할 수도 있다. 임금이 한없이 폭락하는 것을 막기 위해 최저 임금 수준을 정해놓을 수도 있다. 적어도 노동자들이 일을 하고서도 최소한의 삶도 유지하지 못하는 상황을 막을 수 있는 것이다.

오늘날에는 노동조합이나 노동법이 상식이 되었다. 이로 인해 자본주의 초기 임금 노동자들의 비참한 생활을 지금은 옛날이야기 듣듯 할 수 있는 것이다. 그러나 오늘날처럼 노동조합과 노동법이 당연히 여겨지게 된 과정은 저절로 이루어진 것이 아니다. 초기에 기업을 소유하고 있는 고용주들은 극렬하게 반대했다. 자본주의 시장경제 원리를 흔들지 말라는 주장은 지금도 자주 나오는 말이다. 모든 것은 시장경제의 경쟁에 맡기고 인위적인 개입이나 규제 없이 자유롭게 내버려두어야 한다는 것이다. 이러한 입장을 '자유주의'라고 한다. 자유주의 시각에서 보면 노동조합은 노동자들이 경쟁을 거부하고 담합하는 것이며, 법적 규제 역시 시장경제 원리를 왜곡하는 것이다. 이러한 명분에 입각하여 자본주의 초기인 자유주의 시대에는 노동조합을 금지하는 단결금지법이 있었다.

그러나 자본주의 원리에 자유롭게 맡겨둔 결과, 임금 노동자 중 많은 이들이 앞에서 살펴본 것과 같은 비참한 상황에 떨어지게 되었다. 그리하여 많은 사람들이 이러한 자유주의에 반대했고, 무엇보다 임금 노동자들 스스로 이러한 상황에 저항하여 투쟁했다. 노동자들은 단결금지법에도 불구하고 노동조합을 만들고 파업을 했다. 법적 조치를 위해 청원도 하고 시위도 했다. 그러나 자유주의가 주류였던 시대에 노동자들의 행동은 심각한 탄압에 직면했다. 노동조합 조직에 앞장선 사람은 해고를 당하고 블랙리스트에 올라 취업이 봉쇄되었으며 경찰에 체포당하기 일쑤였다. 파업이나 시위를 진압하기 위해서 종종 군대가 동원되었고 노동자들이 목숨을 잃기도 했다.

  역사적 사건 하나만 살펴보자. 현재 5월 1일은 근로자의 날이라고 해서 법적 공휴일이다. 임금 노동자들의 기념일인 것이다. 이날은 1886년 5월 1일 미국 시카고의 헤이마켓 광장에서 30만 명의 노동자가 하루 8시간 노동제를 쟁취하기 위해 총파업을 벌인 데서 기원했다. 총파업은 기업 고용주나 정부에게 불안감을 준다(그렇기 때문에 압력이 되는 것이기도 하다). 총파업 예고가 있자 기업가와 언론은 분명히 심각한 폭력 사태가 발생할 것이라고 떠들어댔다. 그러나 막상 5월 1일 총파업과 거리 시위는 평화롭게 끝났다. 문제는 다음 날 발생했다. 파업 농성 중이던 시카고의 농기계 공장에 경찰들이 난입하여 총격을 가했다. 여섯 명이 죽었고, 그중에는 여섯 살짜리 아이도 있었다. 노동자들은 당장 다시 항의 집회를 열었다. 그런데 당시 집회에서 폭탄이 터졌다. 운집한 군중은 비명을 지르며 혼란에 빠졌고 집회는 아수라장이 되었다. 집회를 둘러싸고 있던 경찰들도 놀라 발포를 시작했다. 정말로 심각한 폭

력 사태가 일어난 것이다. 어이없게도 폭력 사태를 유발했다
는 이유로 당시 집회를 주도했던 노동조합 활동가들이 체포되
었다. (폭탄은 고용주들의 사주를 받은 자가 투척한 것이었지만 증거
는 몇 년 후에야 드러났다.) 그리고 체포된 노동자 다섯 명은 사형
에 처해졌다.

　이처럼 현재 당연시되고 있는 하루 8시간 노동은 파업과 시
위, 체포와 사형이라는 임금 노동자들의 투쟁과 희생 덕분에
인정받을 수 있게 되었다. 기본적인 의미에서 노동권은 임금
노동자는 자신의 노동을 제공함으로써 제대로 된 생활을 누
릴 권리가 있고, 반대로 고용주는 이를 책임져야 한다는 것을
전제한다.

　자유주의 시대에는 자본주의 원리에 반한다는 이유로 노동
조합과 노동권이 탄압받기도 했지만, 지금은 세계 어느 곳에
서나 노동조합과 노동법이 인정받고 있다. 물론 한국도 마찬
가지다. 노동삼권이라고 불리는 노동조합 결성과 단체교섭,
파업과 같은 행동이 보장되어 있고, 근로기준법을 비롯한 여
러 법들로 노동 조건의 최소 기준과 고용주의 책임을 규정하
고 있다.

　그러나 이러한 노동권이 존재한다 하더라도 노동자들이 적
극적으로 나서지 않는다면 무용지물이다. 한국의 경우만 봐
도 이를 알 수 있다. 해방 후 국가를 만들며 법률을 제정할 때
부터 노동삼권을 보장하고 최소 노동 조건을 규정하는 노동법
이 있었다. 그러나 당시는 전 세계적으로 노동권이 당연한 것
으로 인정되고 있었기 때문에 형식적으로 규정해놓았을 뿐이

었다. 노동조합은 노동자 스스로 조직했다기보다 기업이나 국가에서 외부에 보여주기 위해 만든 어용 노동조합이 대부분이었다. 노동자는 노동법이 있는 줄 몰랐고, 고용주를 감독해야 할 기구들도 무관심했다.

1971년 전태일 분신(焚身) 사건은 이런 상황을 명백히 보여준다. 그가 일하던 청계천 의류공장 노동자들은 당시 한국에서도 가장 열악한 노동 조건에 처해 있었다. 19세기 유럽의 저임금 노동자들의 상황과 비슷했다. 장시간 노동을 맞추기 위해 바늘로 찌르고 약을 먹어가며 잠을 쫓아야 했고 일하기에 아직 어린 아이들은 영양실조에 걸렸으며 작업장은 노동자의 건강을 전혀 고려하지 않았다. 이런 상황을 지켜보던 전태일은 우연히 근로기준법을 알게 되었다. 노동자의 권리로서 노동 조건의 최소 기준을 규정한 법이 있으니 이런 비참한 상태를 외부에 알리기만 하면 당연히 개선될 것이라고 믿었다. 그는 노동청을 비롯한 각 기관에 백방으로 뛰어다니며 진정서와 청원서를 냈다. 그러나 차가운 무시를 받았다. 그는 노동 삼권으로 보장된 노동자 단체를 만들었다. 하지만 그에게 돌아온 것은 해고와 협박이었다. 결국 모든 노력이 수포로 돌아가자, 그는 최후의 수단으로 분신을 선택했다. 청계천 거리에서 몸에 불을 붙이면서 그가 외쳤던 말이 "근로기준법을 준수하라"였다는 점은 참으로 의미심장하다. 결국 이 사건은 노동자들이 스스로 나서서 행동하지 않는다면 노동권은 만들어지지도 않을뿐더러 지켜지지도 않는다는 점을 일깨웠다. 이런 점 때문에 그의 분신 사건은 한국 노동 운동의 효시로 불린다.

한국 노동 운동사의 또 다른 전기(轉機)는 1987년에 마련되었다. 그동안 노동 운동은 극심한 탄압을 받았다. 한국의 경우는 자유주의 이념 때문이라기보다 군사 독재 때문이었는데, 사실 임금 노동자들의 조직뿐 아니라 자율적인 시민 조직과 발언이 모두 극도로 억압을 받았다. 그러나 1987년 시민항쟁으로 군사 독재 정권이 물러서자 임금 노동자들의 움직임도 활발해졌다. 그 직접적인 결과는 노동조합의 조직이었다. 임금 노동자 중 노동조합에 가입한 사람의 비율은 1986년 11%에서 1989년 18.7%로 상승했다. 수치보다 중요한 것은 이전의 노동조합이 대부분 기업이나 국가에서 걸치레로 만들어놓은 유령 조직이었던 데 비해, 1987년 이후에는 실제 임금 노동자들이 주축이 되어 만들었다는 점이다. 이에 따라 한국에서도 노동권이 실제로 확보될 수 있게 되었다.

그런데 이때 노동조합을 만든 임금 노동자들은 주로 대기업 공장에서 일하는 생산직 블루칼라 노동자와 간호사, 은행원, 기자, 교사 등 화이트칼라 노동자였다. 그리고 그들은 대부분 정규직 노동자였다. 사실 1990년대 후반에 이르기까지 비정규직이라는 개념은 수면에 떠오르지 않았다.

3. 비정규직 노동자란 무엇인가

1999년 비정규직 노동자 비율이 전체 임금 노동자의 절반을 넘어섰다는 발표가 있은 후, 이제는 대통령부터 대학생에 이르기까지 비정규직 문제가 심각하다는 말을 스스럼없이 하게 되었다. 이제 마지막 질문을 던져보자. 당신은 비정규직 노동자인가?

당신이 임금 노동자라면 비정규직일 확률은 56%다(〈표 1〉을 참조하라). 그리고 이 글을 쓰고 있는 나 역시 비정규직 임금 노동자로서 그 56%에 포함된다. 이렇게까지 밝혔으니 나의 직업을 털어놓아야겠다. 나는 대학의 시간강사로 고용되거나 연구 프로젝트의 연구원으로 참여하여 받는 임금으로 생계를 유지하는데, 양쪽 모두 일용잡급직으로 분류된다. 물론 비정규직이 대개 그렇듯이 정규직 노동자들의 소득명세서를 그림의 떡처럼 바라보아야 하고, 몇 개월마다 일자리를 찾아 헤매야 할 정도로 생활이 불안정하다. 그렇다고 여기서 신세를 한탄하자는 것은 아니다. 임금 노동자 중에서 절반이 넘는 사람들의 일반적인 상황이므로 특별히 운이 나쁘다거나 푸념할 것도 없다. 이처럼 이미 다수의 보통 상황이 되어버린 비정규직이란 무엇인가?

(1) 비정규직, 노동권에서 배제되다

사실 비정규직의 정의가 명확한 것은 아니다. 글자 그대로라면 비정규직이란 '정규직이 아님'을 의미한다. 즉 정규직이 아닌 일자리를 통칭한다. 그런데 정규직이라는 것도 원래 정의가 있었던 것이 아니라 오히려 비정규직이란 개념이 떠오르면서 그에 대비하여 규정되기 시작했다.

물론 비정규직 문제가 사회적 쟁점이 되면서 어떤 일자리를 가리켜 비정규직으로 일컬을지에 대해서 대략 정리되었다. 고용 계약 기간이 정해져 있는 경우(계약직, 임시직, 일용직 등), 고용을 한 당사자와 실제 일을 시키는 사용자가 다른 경우(파견, 용역 등), 형식상 고용 계약이 아니라 독립적인 사업 주체로 계약하지만 실제로 사용자에 종속적인 경우(특수 고용) 등을 보통 비정규직이라고 부른다.[7]

바꿔 보면 정규직이란 기간 제한 없이 계속 일자리를 유지하고, 고용주가 그가 채용한 임금 노동자에게 책임을 지는 경우를 말한다. 이것은 앞서 이야기한 임금 노동자의 노동권과 관련하여 생각해볼 수 있다. 노동권은 임금 노동자가 고용주에 대해 종속적이고 취약한 입장을 보완하기 위하여 임금 노동자의 이익 도모를 보장하고 고용주의 책임을 정한 것이다. 그 결과 임금 노동자의 '내부 노동 시장'이 형성되었다.

내부 노동 시장이란 일단 고용이 되면 그 안에서 안정적인 고용과 임금, 승진 등을 보장받게 되는 상황을 가리킨다. 임금 노동자의 입장에서 생각해보자. 어떤 회사에 입사를 하면 스스로 그만두거나 큰 잘못을 저지르거나 회사가 망하지 않는 한 계속해서 회사에 다닐 것이라고 생각한다. 매달 정해진 월급을 받을 것이고 회사 규정대로 경력을 쌓아가며 차츰 승진도 기대할 수 있다. 즉 지금의 용어로는 '정규직'이다.

이러한 내부 노동 시장은 노동권이 수립되면서 확산되었다. 해고 요건이 법으로 엄격하게 규정되자, 다른 노동자들을 더 싼 임금으로 사용할 수 있다고 해서 기존 노동자를 해고하고 대체할 수 없게 되었다. 임금을 체불해서도 안 되고, 노동자가 원래 하기로 했던 일 외에 다른 일을 부당하게 시킬 수도 없다. 물론 고용주가 전횡하면서 법을 무시할 수도 있지만 노동조합이 만들어져 감시하고 항의함에 따라 쉽게 그럴 수 없게 되었다. 설사 노동조합이 없는 기업이라 할지라도 노동 운동이 활발해지고 노동권에 대한 인식이 높아지면서 고용주의 부당한 처사에 대해 법에 호소하거나 노동조합을 만들 수 있다. 이렇게 되니 고용주는 일단 고용한 노동자에 대하여 책임을 질 수밖에 없고 내부로 들어온 노동자를 중심으로 승진을 시키고 기업을 꾸려가게 된다. 고용주의 입장에서도 나쁜 것만은 아니다. 이미 있던 사람을 함부로 내쫓을 수도 없게 된 이상 좀더 높은 비용을 감수하더라도 회사 분위기와 일에 익숙한 기존 노동자에게 안정적인 조건을 보장해주고 그들의 의욕과 회사에 대한 애정을 고취시키는 것이 더 나았다. 한국에서는 대체로 1987년 이후 생산직에서 노동조합이 보편화되면서부터, 그리고 화이트칼라 직종에서는 그 이전부터 내부 노동 시장이 성립되었다고 본다.

물론 전반적인 경향이 그러했다는 것이지, 산업과 노동 시장의 특성에 따라서 내부 노동 시장에 들어가지 못하는 임금 노동자들도 많았다. 특히 대기업이 아니라 기업 운영 자체가 불안정한 소기업의 경우 내부 노동 시장이라는 개념이 별 의미가 없다. 기업 자체가 도산하는 경우도 잦을뿐더러 임금이나 노동 조건이 좋지 않기 때문에 노동자 스스로 그만두고 이직하는 일도 많았다. 산업에 따라서도 차이가 있는데, 예를 들어 건설업의 경우 건설 현장에서 일하는 노동자 중 별다른 기술이 없는 미숙련 노동자는 대부분 일이 있을 때에만 일당을 주고 사용하는 일용직이다. 따라서 내부 노동 시장에서 배제된 노동자들이 예전에도 적지 않았다.

그러나 현재 '비정규직'은 내부 노동 시장이 확립되었던 산업과 대기업에까지 확산되고 있기 때문에 더욱 문제가 되고 있다. 10년 전쯤이라면 안정적인 내부 노동 시장에 들어갈 수 있었던 일자리마저 비정규직화된 것이다. 비정규직은 고용이 불안정하며 임금이 낮거나 불안정해 승진을 기대하기도 어렵다. 그리고 내부 노동 시장의 형성이 노동권의 수립과 맥을 같이하는 것처럼, 역으로 비정규직은 노동권에서 사실상 배제되고 있다.

임금 노동자의 권리와 고용주의 책임 중에서 가장 핵심적인 것은 해고와 관련된 것이다. 노동자의 가장 큰 약점이자 고용주의 가장 큰 무기가 바로 해고다. 고용주가 언제든지 해고할 수 있다고 생각해보라. 부당한 일을 시켜도, 법으로 규정된 노동 시간이나 임금 등의 노동 조건을 어겨도, 항의하거나 고발하기가 어려울 것이다. 설사 그런 부당한 일이 시정된다 할지라도 밉보인 이상 시쳇말로 '잘릴' 것이다. 노동자의 단결권도 무용지물이 되기 십상이다. 고용주는 노동조합을 만들고자 시도하거나 주도하는 사람을 쫓아낼 수 있고, 만약 노동자들이 단결한다 해도 그들을 모두 해고하고 다른 노동자들을 고용할 수도 있다. 그렇기 때문에 고용주 마음대로 해고를 하지 못하게 하는 것은, 다른 노동권의 기반이 되는 일차적인 사안이다. 따라서 법으로 해고 요건을 규정하여 고용주가 자의적으로 노동자를 해고할 수 없도록 하는 것이다.

비정규직은 바로 이 노동권의 기반을 잠식당한다. 고용 기간을 정해놓는 경우를 보자. 예를 들어 1년 계약직이어서 1년마다 계약을 갱신해야 한다면, 고용주는 1년에 한 번씩 노동자를 해고할 기회를 갖게 되는 셈이다. 눈 밖에 나면 고용주는 당연히 재계약을 하지 않을 텐데, 그런 위험을 감수하고 부당한 일에 항의하거나 노동조합에 참여할 용기를 내기란 쉽지 않다. 다른 유형의 비정규직 형태도 고용주에게 사실상 해고라는 무기를 쥐어주기가 용이할뿐더러 비정규직 노동자들은 어떤 형태든 기간제 고용을 겸하고 있다. 한국의 비정규직 노동자 중 98%가 고용 기간을 정해놓고 계약을 갱신해야 하는 상황이다.

임금 노동자의 취약한 입장을 보완하기 위한 것이 노동권인데, 비정규직은 이 기반부터 위협받고 있다. 그리하여 비정규직 노동자들은 열악한 노동 조건을 감수할 수밖에 없다. 심지어 정규직 노동자와 비정규직 노동자가 같거나 비슷한 일을 하는 경우에도 임금을 비롯한 노동 조건은 현격하게 차이가 나는 경우가 많다. 역사적으로 임금 노동자들이 오랫동안 투쟁한 끝에 노동권을 얻게 되었지만 비정규직 노동자들은 그것을 제대로 누릴 수 없어 고용주와의 관계에서 약자일 수밖에 없다. 표면적으로 드러나는 저임금이나 차별 같은 문제의 근원은 사실 여기에 있다.

(2) 비정규직이란 무엇인가

앞서 간단하게만 언급한 비정규직의 유형을 좀 더 구체적으로 살펴보면서 그것이 노동권을 침해하는 방식을 알아보자.

ㄱ. 기간제 고용

우선 기간제 고용은 말 그대로 고용 기간을 한정하는 경우다. 노동 통계 분류상의 일용·임시직이나 일반적으로 부르는 말로 계약직이라고 하는 일자리가 이에 포함된다. 원래 입사할 때 특별한 언급이 없으면 '기간의 정함이 없는 고용'으로서 해고 요건을 충족시키지 않는 한 해고할 수 없지만, 앞서 말한 대로 기간을 정해놓으면 계약을 연장하지 않는 방식으로 쉽게 해고할 수 있다.

〈표 1〉에서 보듯이 한국에서는 기간제 고용이 비정규직의 절대 다수를 차지하고 있으며 간접 고용이나 특수 고용의 경우도 거의 기간을 정해놓는 형태를 겸하고 있다. 이처럼 대표적인 비정규직 형태인 기간제 고용은 사무직/생산직, 판매직/기술직, 단순노동직/전문직을 막론하고 다양하게 분포되어 있으며 노동 조건 또한 다양하다. 여기서 문제가 되는 것이 노

〈표 1〉 비정규직 유형[8](단위: %)

임금 노동자 내의 비율	전체 비정규직	기간제 고용 (일용·임시·계약직)	간접 고용 (파견·용역)	특수 고용
	56.1	55.0	3.7	4.2

* 두 가지 이상의 유형을 겸한 경우가 있어서 유형별 비율의 합계가 전체 비율과 일치하지 않는다.

동자의 입장에서는 노동권을 누리기 어렵고 고용주의 입장에서는 책임을 회피할 수 있는 고용 형태라는 점이다.

주로 일용직 고용의 임금으로 생계를 꾸리는 나도 여기에 포함된다. 일용직이라고 하면 보통 인력 시장에서 품 파는 노동자나 일거리가 있을 때 불려나가는 호출 노동자를 떠올리기 쉬운데, 그런 노동자만을 가리키는 것은 아니다. 대학의 시간강사로 일하는 나는 강의를 하고 시간당 임금을 받으며, 강의를 하기로 한 날만 일용으로 고용된다. 만약 공휴일이어서 강의를 하지 않게 된다면 그날의 임금은 지불되지 않는다. 사실 경비원에서부터 판매원, 교사, 도서관 사서에 이르기까지, 거의 매일 출퇴근하는 직종 중에도 일용직이 만연해 있다. 이런 형식으로 고용하면 일당으로 계산해서 임금을 주면서, 휴가나 퇴직금, 사회 보험 등 고용주가 책임져야 하는 사항들에서 빠져나갈 여지가 많기 때문이다.

기간제 고용 형태로 고용 기간을 한정했다고 해서 반드시 계속 고용하지 않음을 뜻하는 것은 아니다. 정해진 기간이 끝나고 다시 재계약을 할 수 있다. 실제로는 계약 갱신을 반복해 가며 한 직장에서 계속 근무하는 경우가 절반을 넘는다.[9] 몇몇 연구자들은 1년 이상 한 직장에서 근무한 장기 임시 노동자를 비정규직에서 제외하기도 하는데, 그렇게 추산하면 비정규직의 규모는 전체 임금 노동자의 20~30%대로 떨어진다.[10] 그러나 이것은 비정규직이라는 문제가 안고 있는 상황에 비춰보았을 때 납득하기 어려운 계산법이다. 기간제 고용의 핵심적인 문제는 해고가 쉽기 때문에 노동권이 보장한 임금 노동자로서의 권익을 주장하기 어렵다는 점에 있다. 몇 년을 근무하든 다음에는 해고될지 모른다는 두려움이 노동자의 마음을 위축시키는 것은 마찬가지다. 실제로 장기 임시 노동자라고 해서 노동 조건이 나은 것도 아니다.[11] 이처럼 계속 고용할 노동자들을 군이 기간제 고용으로 채용하는 것은 노동자가 권익을 주장하지 못하도록 하려는 의도임을 증명한다.

ㄴ. 간접 고용

두 번째 유형인 간접 고용은 한 기업이 필요로 하는 노동력을 자체적으로 고용하지 않고 다른 기업과 계약해서 해당 회사 소속의 노동자들을 사용하는 경우를 말한다. 노동자의 입장에서는 실제로 일을 하는 기업(사용 기업)과 형식상 소속된 기업(고용 기업)이 다른 셈이 된다. 이런 간접 고용도 여러 가지로 불리는데 일반적으로 파견, 용역, 사내하청, 협력업체 등의 형태들이 간접 고용 방식이다.

간접 고용 역시 특정한 산업이나 직종에만 한정되어 있지 않다. 흔히 기업의 주변적인 업무에 간접 고용을 도입한다. 예를 들어 은행의 경비 업무, 병원의 청소 업무, 언론사의 운전 업무 등이 그러하다. 이런 업무는 기업의 핵심적인 일이 아니며 누구나 할 수 있기 때문에 반드시 직접 고용할 필요가 없다. 예컨대 방송사에서 방송 차량을 운전하는 일은 필수적일뿐더러 꽤 많은 노동자를 채용해야 하는 업무지만, 연출자나 기자, 제작 기술자에 비해 방송사에 정식 입사해서 훈련과 경력을 거칠 필요가 없으므로 직접 고용하지 않고 운전직 파견업체와 계약하여 해당 업체 소속 노동자를 쓰겠다는 것이다.

그러나 간접 고용이 이런 경우에만 국한되는 것은 아니며 핵심 업무에까지 확대되기도 한다. 예를 들어 자동차 생산 공장에서는 자동차를 생산하는 일이, 유통 업체에서는 판매를 하는 것이 핵심 업무다. 그러나 자동차 공장의 생산 라인에서는 회사가 직접 고용한 노동자뿐 아니라 사내하청이라는 형태로 간접 고용한 노동자들이 같이 일하고 있다. 대형 유통업체 매장에서 판매를 담당하는 직원은 협력업체 파견이라는 이름으로 간접 고용된 노동자들이 많다. A기업에서 일하며 그 기업의 가장 핵심적인 업무를 하지만 소속은 B업체인 것이다.

게다가 '주변적인' 업무라는 경계도 뚜렷하지 않다. 방송사를 예로 들어보자. 방송사에서 꼭 필요한 운전, 청소, 경비 등이 주변적인 업무라면 분장사는? 소품 담당은? 이런 물음은 나아가 촬영 기사와 연출자 등에까지 확대될 수 있다. 어떤 것이든 특정 업무를 떼어내서 외부 노동자 공급 업체에 위탁하는 것은 가능하다. 실제로 전문직에 대한 간접 고용이 늘어나고 있다.

결국 주변적이거나 핵심적이거나 전문적이거나 상관없이 업무를 분리하기만 하면 간접 고용을 도입할 수 있다. 극단적인 경우를 상정하면 관리자 일부를 제외하고 모든 노동자를 직접 고용하지 않고 노동자 공급 업체에서 제공받을 수 있다.

물론 노동자 공급 업체가 노동자들을 정규직으로 고용하고 노동 조건을 책임지면서 지속적으로 일할 곳을 알선한다면 노동자의 입장에서도 불리한 것은 아니다. 그리고 이것이 원래 파견법의 취지이기도 하다.

그러나 대부분의 파견·용역을 담당하는 업체는 노동자를 기간제로 고용해서 파견한 기업과의 계약이 끝나면 사실상 노동자를 해고한다. 노동자를 실제로 사용하는 사용 기업은 파견·용역 업체를 선정하는 데 있어 최저 낙찰 방식 등을 이용해 임금을 포함한 비용을 통제하고 있다. 게다가 노동자들을 형식상으로 고용한 업체들이 중간에서 가져가는 이익을 고려하면 간접 고용된 노동자는 직접 고용된 노동자에 비해 자신에게 돌아올 임금의 상당 부분을 중간 단계에서 빼앗기게 된다.

그러나 무엇보다도 간접 고용 형식은 노동권의 기본 원칙을 훼손한다. 노동자를 고용하여 그에게 일을 시킴으로써 이익을 얻어내는 사람이 고용주다. 그런 만큼 고용하고 일을 시키는 노동자에 대하여 책임을 져야 한다는 게 노동권의 기본 원칙이다. 그러나 간접 고용이란 형식상 고용을 한 고용주와 실제로 일을 시키는 사용자가 서로 다르다. 고용주의 책임이 분산되어버리고 책임 소재가 불명확해지면서 임금 노동자에 대한 책임을 회피할 여지가 많아진 것이다.

당신이 A업체 소속인데 B업체에서 파견으로 일하고 있다고 상상해보자. 임금은 물론 A업체에서 받는다. 그런데 일을 하다 보니 B업체의 사정상 야근을 할 일이 생겼다. 당신은 야근 수당을 어디서 받을 것인가? 당신과 같이 일한 B업체 직원은 B업체에서 받아간다. 그러나 당신이 형식상 고용된 곳은 B업체가 아니라 A업체다. 당신은 A업체에 거의 가지 않거나 발을 들여놓은 적이 없을 수도 있지만, 어쨌든 당신의 임금을 주는 곳은 A업체이며 실제로 당신이 일을 하는 B업체는 그것을 책임지지 않는다. 당신이 소속된 A업체에 가서 야근 수당을 달라고 해야 할까? A업체는 처음 계약한 대로 임금을 줄 뿐이며 그런 사정까지 책임질 수 없다고 한다. 당신이 계속 따지자 정 억울하면 야근하지 말고 그냥 퇴근하라고 말한다. 그러나 일의 성격상 그럴 수 없다. 결국 옆에서 야근 수당을 받는 B업체 직원들을 보며 파견 노동자의 설움을 삼킬 수밖에.

이런 문제는 노동자가 실제로 일을 하고 지시를 받는 곳과 형식상 고용되어 있는 곳이 분리되어 있기에 생기는 문제다. 임금 노동자는 자영 노동자와 다르게 지시를 받아서 일하며 그것이 종속성의 한 원인이라는 설명을 기억할 것이다. 고용주에게 노동자의 노동 과정을 통제할 권한이 주어지기 때문에, 고용주의 권한 남용을 막고자 하는 취지에서 부당한 지시를 거부하거나 그에 상응하는 대가를 받을 수 있게 하는 노동권이 구성되었다. 그러나 노동자에게 실제로 일을 시키는 사용자가 형식상 그 노동자를 고용하지 않은 것으로 되어 있는 간접 고용 형태는 노동권을 혼란에 빠뜨리고 고용주 자신이 져야 할 책임을 교묘히 피해나간다.

ㄷ. 특수 고용

간접 고용보다 더 극단적으로 고용주의 책임을 회피하는 비정규직 유형이 특수 고용 형태다. 특수 고용은 고용 계약을 맺는 것이 아니라 노동자를 사업 주체로 꾸며서 사업자 대 사업자 형태로 계약을 하는 것을 가리킨다. 이렇게 하면 고용주로 서의 책임에서 완전히 빠져나갈 수 있다.

특수 고용이 확산된 직종으로는 학습지 교사나 학원 강사 같은 교육 부문과 화물 운송이나 퀵서비스 등의 운송 부문을 비롯하여 수리 기사, 골프장 캐디, 보험설계사 같은 직종이 있다. 사용하던 제품이 고장 나서 연락했을 때 오는 수리 기사를 우리는 대체로 해당 제조사의 직원이라고 생각하지만 요즘은 그렇지 않은 경우가 많다. 수리 기사는 해당 제조사와는 별도로 사업자 등록을 한 '사업주'이다. 캐디는 골프장 직원이 아니며, 학습지 방문 교사는 학습지 회사에 소속되어 있지 않다. 이들은 고용된 것이 아니라 스스로 사업을 하는 사업 주체로 기업과 사업 계약을 맺는 형식을 취하고 있다. 이에 따라 특수 고용 노동자는 임금 노동자가 아닌 자영 노동자로 간주된다. 따라서 이들이 받는 돈은 임금이 아니라 상호 사업적 거래에 의한 것으로, 주로 '건당' 계산되어 지급된다.

사실 특수 고용이 만연한 직종은 대개 두 가지 특징을 보이는데, 하나는 주로 외근 업무에 속하는 것이고 다른 하나는 개인의 실적을 명확히 계산할 수 있다는 것이다. 노동자가 고용주에 종속적인 이유 중 하나가 지시를 받아 일한다는 점인데, 이는 반대편인 고용주에게는 여러모로 유리한 이점이기도 하다. 알게 모르게 노동 강도를 강화시킬 수 있다. 쉽게 말해서 노동자가 직장에 나와 있는 동안 숨 쉴 틈 없이 '닦달해서' 더 많은 노동을 하도록 만들 수 있다. 그런데 외근 업무는 이렇게 하기가 어렵다. 그래서 노동자를 자영 노동자인 것처럼 위장하고 대신 실적대로 임금을 줌으로써 노동자가 자발적으로 열심히 일하게 만드는 것이다. 그럼에도 이들을 특수 고용이라고 부르는 것은 이런 형식이 눈 가리고 아웅 하는 것에 지나지 않기 때문이다.

앞서 말했듯이 자영 노동자란 스스로 생산 수단을 갖고 있고 거기에 자신의 노동을 더하되 고용주의 지시를 받지 않고 자율적으로 알아서 일하는 노동자를 의미한다. 비록 나의 주된 소득원이 비정규직 임금 노동자로 고용되어 받는 임금이더라도 지금 이 책을 쓰는 일만큼은 자영 노동이다. 나는 출판사와 원고 계약을 했지만 출판사에 출근하는 것이 아니라 내 집에서 내 컴퓨터로 작업하고 내 돈을 들여 이 책을 쓰기 위한 자료를 찾는다. 그리고 며칠 열심히 일하다가 하루쯤 마음대로 놀 수도 있다. 능력만 있으면 여러 출판사와 계약해서 동시에 여러 책을 쓰는 사업을 벌일 수도 있고, 한 책을 쓰면서 동시에 다른 원고를 쓸 수도 있다. 이런 경우라면 자영 노동이라고 볼 수 있다.

그러나 골프장 캐디가 이렇게 자율적으로 일할 수 있을까? 캐디는 손님을 따라 필드를 도는 횟수에 따라 돈을 지급받지만 정해진 시간에 출근해 대기해야 하고 순번도 정해져 있다. 수리 기사가 능력껏 자기 사업을 할 수 있을까? 본사에 접수된 고장 신고에 따라 수리를 하러 갈 뿐이다. 담당 구역의 집 제품들을 몰래 고장 내지 않는 이상, 자기 사업이라고 마음대로 확대할 여지도 별로 없다. 사실 지금 특수 고용의 일들은 전에는 기업에서 직접 고용했던 직종이다.

특수 고용 비정규직은 계약 형식상 자영 노동인 것처럼 위장되어 있지만, 이처럼 종속적인 임금 노동의 특성을 띤다. 실제로 고용주가 일거리를 주지 않으면 아무리 일하고 싶어도 하지 못하고 또 그 지시에 따라 일해야 하는 것이다. 이를 사용 – 종속 관계라고 부르는데, 이러한 경우라면 사실상 임금 노동자로 보아야 한다는 견해가 제기되고 있고 이를 인정한 판례도 몇몇 있다.

그러나 현재까지는 특수 고용 노동자가 임금 노동자로 인정받기란 쉽지 않으며, 그에 따라 노동권의 적용 대상에서도 대체로 배제된다. 물론 고용주는 고용한 자로서의 책임을 완전히 비껴나간다.

(3) 당신의 일자리는 안전한가

그러면 어떤 일에 종사하는 사람이 비정규직이 될 가능성이 많을까? 〈표 2〉를 보면 산업 분류상 대분류에서 민간서비스업과 농림어업·건설업 내의 비정규직 비율이 각각 73.3%, 77.3%이다. 따라서 이 부문에 종사하는 노동자들은 대다수가 비정규직인 셈이다. 임금 노동자 규모에서 나타나듯이, 민간서비스 부문은 현재 한국에서 가장 많은 일자리를 제공할뿐더러 계속 팽창하고 있다.

물론 민간서비스 부문은 자영에 가까운 영세업체들이 많아서 전통적으로 비정규직 비율이 높은 부문이긴 하다. 예를 들어 도소매업 분류 항목은 대형 백화점의 직원들도 포괄하지만, 동네 가게에서 가게 주인이 자신의 자영 노동 외에 한두 명

〈표 2〉 2005년 산업별 비정규직[12]

산업 분류		규모(천 명)			비율(%)	
		정규직	비정규직	임금 노동자	산업 중 비율	비정규직 중 비율
대분류	광공업	2,179	1,354	3,533	38.3	16.1
	공공서비스업	2,533	1,747	4,280	40.8	20.8
	민간서비스업	1,516	4,163	5,679	73.3	49.5
	농림어업·건설업	336	1,141	1,477	77.3	13.6
광공업	광업	11	3	14	21.4	0.0
	제조업	2,168	1,351	3,519	38.4	16.1
공공 서비스업	전기가스수도사업	55	13	68	19.1	0.2
	운수업	383	264	647	40.8	3.1
	통신업	152	90	242	37.2	1.1
	금융보험업	348	343	691	49.6	4.1
	공공행정	599	181	780	23.2	2.2
	교육서비스업	632	607	1,239	49.0	7.2
	보건사회복지사업	344	242	586	41.3	2.9
	국제 및 외국기관	20	6	26	23.1	0.1
민간 서비스업	도소매업	528	1,323	1,851	71.5	15.7
	숙박음식점업	63	1,052	1,115	94.3	12.5
	부동산임대업	94	222	316	70.3	2.6
	사업서비스업	527	853	1,380	61.8	10.1
	오락문화운동	83	222	305	72.8	2.6
	기타서비스업	222	369	591	62.4	4.4
	가사서비스업	0	121	121	100.0	1.4
농림어업 건설업	농림업	12	120	132	90.9	1.4
	어업	1	15	16	93.8	0.2
	건설업	323	1,006	1,329	75.7	12.0
전(全) 산업		6,564	8,404	14,968	56.1	100.0

* 1,000명 미만(규모) 및 소수점 두 자리 미만(비율) 단위에서 반올림해서 합계는 일치하지 않을 수 있다.

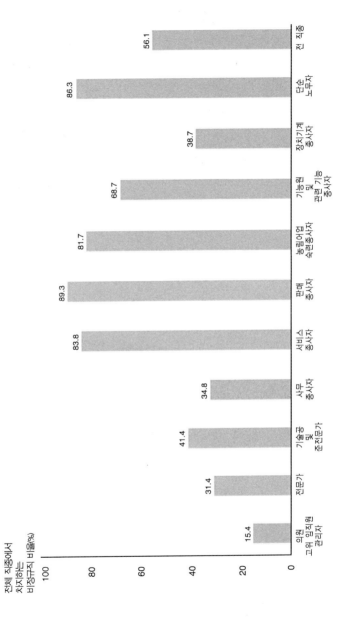

〈그림 1〉 직종별 비정규직 비율[13]

의 점원을 고용했다면 이 점원도 임금 노동자로서 도소매업에 포함된다. 이런 경우 정규직은 있을 수 없다.

그러나 동시에 이 부문은 근래 대자본이 급속히 침투하는 분야이기도 하다. 10년이나 15년 전에 비해 도심 거리의 풍경은 참으로 많이 바뀌었다. 대형 유통업체와 기업형 외식업체, 대형 영화관이 우후죽순 들어섰다. 도시를 벗어나면 골프장과 스키장이 산과 들의 풍경을 변화시켰다. 산업 분류표에서 도소매업, 숙박음식점업, 오락문화운동 등으로 분류된 이 분야들은 근래 10여 년간 이른바 유망 산업으로 회자되며 대기업도 활발하게 진출하고 있다. 따라서 이 부문에서도 자영업에 가까운 영세한 고용뿐 아니라 기업 조직에 의한 대량 고용이 적지 않으며 앞으로 그런 경향은 더 강화될 것으로 보인다. 그러나 이 부문의 일자리는 통계상에서뿐만 아니라 실제로도 거의 비정규직으로 구성되어 있다. 그 이유 중 하나는, 이 분야가 최근 10여 년 내에 급성장했는데, 당시는 내부 노동 시장을 중시했던 1990년대 초반까지의 분위기와는 달리 기업의 비정규직 고용이 본격화되었던 시기이기 때문이다.

비슷한 경향을 다른 곳에서도 볼 수 있다. 민간서비스업과 농림어업·건설업을 제외한 다른 산업 부문에서 비정규직 비율이 절반에 달하는 부문은 공공서비스 부문의 금융보험업과 교육서비스업인데, 이 역시 근래 크게 중시되거나 성장하는 분야다. 이러한 추세를 고려해볼 때, 산업 구성의 변화에 따라 앞으로 비정규직이 더 많아질 것이라는 암울한 전망이 가능하다.

다른 한편 〈그림 1〉은 직업에 따른 비정규직 비율을 나타낸 것이다. 이것에 따르면 서비스직, 판매직, 단순노무직에서는 80%를 훌쩍 넘는 비율이 비정규직임을 알 수 있다. (농림어업 종사자도 81.7%의 비정규직 비율을 보이나, 이 부문에서는 임금 노동자의 규모 자체가 매우 작다.)

오히려 전통적인 블루칼라나 화이트칼라로 분류되는 직업에서 비정규직 비율이 상대적으로 낮게 나타난다. 이것은 앞에서 말했듯이 이러한 직종들에 내부 노동 시장이 형성되었던 전통과 관련 있을 것이다.

그러나 비정규직 비율이 상대적으로 낮은 직종의 비정규직

〈표 3〉 직종별 비정규직 비율 증감(2001년과 2005년 비교, 단위: %)[14]

	전체 직종에서 차지하는 비정규직 비율			전체 비정규직에서 차지하는 직종 비율		
	2001	2005	증감	2001	2005	증감
의원·고위 임직원·관리자	10.7	15.4	+4.7	0.3	0.5	+0.2
전문가	25.7	31.3	+5.6	4.2	5.8	+1.6
기술공 및 준전문가	39.7	41.4	+1.7	7.9	8.3	+0.4
사무 종사자	31.5	34.8	+3.3	10.0	12.6	+2.6
서비스 종사자	83.6	83.8	+0.2	16.2	16.1	- 0.1
판매 종사자	90.1	89.3	- 0.8	12.9	11.1	- 1.8
농림어업 숙련 종사자	87.3	81.7	- 5.6	0.7	0.6	- 0.1
기능원 및 관련 기능 종사자	69.1	68.7	- 0.4	17.2	14.0	- 3.2
장치기계 종사자	37.3	38.7	+1.4	8.3	8.1	- 0.2
단순노무자	83.6	86.3	+2.7	22.2	22.9	+0.7
전 직종	55.4	56.1	+0.7	100	100	

비율도 증가하고 있다. 〈표 3〉을 보면 특히 전문직과 사무직의 비정규직 증가 추세가 뚜렷하다. 2005년의 통계를 보면 전체 비정규직에서 차지하는 비율도 각각 5.8%, 12.6%로 무시할 수 없는 수준이다. (역시 비정규직 비율이 증가한 것으로 나타난 고위관리자 직종은 규모가 매우 작다.) 사실 서비스, 판매, 노무직이 이미 거의 비정규직이라는 점을 감안한다면 현재 비정규직 증가 추세는 전문 사무직에서 주도하고 있는 것이다.

만약 당신이 정규직 노동자라면 운 좋은 44%에 속한다. 그러나 너무 안심하지는 마라. 비정규직화가 지속된다면 다음 차례는 당신일 수도 있다. 그렇다면 비정규직은 계속 확산될까? 특별히 이를 제어하는 기제가 생기지 않는 한 고용주들이 비정규직을 사용하려는 동기는 점점 강해질 것이다. 그 까닭은 무엇인가? 다음 장에서 이에 대해 살펴보도록 하자.

제 2 장 ──────────── 비정규직은
왜
확대되는가

1. 구조적 환경의 변화

비정규직이 확대되는 이유는 무엇인가? 말할 것도 없이 노동자를 고용하는 고용주, 즉 기업이 비정규직 고용을 원하기 때문이다. 조금 뒤에 더 자세히 보겠지만 비정규직을 고용함으로써 기업은 여러 이득을 얻을 수 있다.

그렇지만 이런 이득이야 예나 지금이나 마찬가지일 터인데, 왜 근래에 들어서 비정규직이 확대되는 추세를 보이는가 하는 의문이 제기될 수 있다. 그것은 기업의 경제적 환경과 조건이, 그렇게 해야 하고 그렇게 할 수 있도록 변했기 때문이다.

(1) 자본주의의 변천─세계화와 신자유주의

비정규직 확산은 한국만의 상황은 아니다. 각국의 제도에 따라서 정도와 양상이 조금씩 다르긴 하지만 자본주의가 발전한 나라에서 공통적으로 나타나고 있는 현상이다. 결국 이는 자본주의가 작동하는 방식과 고용주인 기업이 활동하는 경제적 환경이 변화한 데 따른 것이라고 할 수 있다. 이러한 변화를 파악하기 위해서는 자본주의의 역사를 잠시 살펴볼 필요가 있다.

자유주의의 깃발이 휘날리던 자본주의 초기에는 자유 경쟁이라는 미명으로 노동자들의 비참한 상태를 방치했었다. 인간의 삶보다 기업 활동의 자유가 더 중요한 가치로 여겨졌다. 그러나 앞서 본 바와 같이 이러한 생각이 차츰 수정되면서 임금 노동자의 노동권이 확립되고 내부 노동 시장이 형성되었다. 노동자의 상황이 이렇게 변한 것은 포드주의적 기업 전략 및 케인스주의적 경제 정책과 맥을 같이 한다.

기업 전략으로서 포드주의란 대규모로 노동자를 고용해 대량 생산하는 방식으로 이윤을 남기고 자본을 축적하는 전략이다. 물론 이것이 가능했던 것은 초기 자유주의 시대에 비해 자본주의가 발전하면서 대량 고용 – 대량 생산을 할 수 있는 대기업이 출현했기 때문이기도 하다. 포드주의란 말은 20세기 초 미국 포드 자동차 회사의 기업 방침에서 따온 것으로, 포드 사는 노동자를 대규모로 고용하고 통제와 효율성을 강화하여 크게 성공을 거두었다. 포드 사는 공장에 컨베이어를 최초로 도입한 기업 중 하나이며, 당시에는 비교적 느슨했던 출근 시간이나 음주 등을 매우 엄격하게 규제했다. 자영 노동자와 구별되는 임금 노동자의 특징 중 하나가 지시와 통제를 받아 일한다는 점인데, 이렇듯 노동 과정의 종속성을 강화함으로써 효율성을 높인 것이다. 그런데 노동자 입장에서야 같은 임금을 받는다면 더 힘들게 일을 시키는 포드 사에 가려고 하지 않는 것이 당연하다. 그래서 포드 사는 파격적인 고임금을 지불했다. 그럼에도 대량 생산과 효율성 향상으로 그것을 만회하고도 남았다.

다른 한편 케인스주의는 국가 경제 정책의 측면을 가리킨다. "모든 것을 자유로운 시장에 맡기고 내버려두라!"고 외쳤던 자유주의는 1920~1930년대 자본주의가 발전된 미국과 유럽을 휩쓴 대공황으로 고개를 숙이고 말았다. 내버려두었더니 대공황이란 사태가 발생하고 말았던 것이다. 그 후 자본주의의 경제 정책은 국가의 적극적인 경제 개입을 중시하는 방향으로 전환했다. 케인스주의는 이러한 국가 개입을 추구하는데, 수요 측면에 중점을 두는 것이 핵심이다. 즉 경제가 성장하려면 상품 수요가 많아야 한다는 것이다. 상품이 많이 팔려야 기업이 투자를 더 할 수 있기 때문이다. 그런데 상품은 누가 구입하는가? 현대 사회에서 인구의 대다수는 노동자, 그것도 임금 노동자다. 따라서 노동자들이 잘 살아야 수요가 늘어난다. 이처럼 케인스주의를 따르면 임금 노동자의 고용과 복지에 신경을 쓰게 된다. 기업에게 고용 안정과 고임금을 종용하는 정책을 쓸 수도 있고, 국가 부문을 확대해 정부가 직접 노동자를 고용하기도 한다. 일단 노동자가 안정적으로 고용되어 수입을 확보해야 수요가 늘어날 것이고, 그렇게 되면 기업도 잘 되고 경제가 활성화될 것이기 때문이다. 흔히 완전 고용을 케인스주의 정책의 하나로 보는 것도 이 때문이다.

이것이 결합된 결과는 다음과 같았다. 대기업이 많은 노동자를 고용하여 대량 생산을 한다. 노동자는 노동권을 보장받고 안정적인 고용과 높은 임금을 얻어낸다. 이들은 여러 상품을 소비할 경제적 여유가 있으므로 수요가 늘어난다. 상품이 잘 팔리므로 기업은 투자를 더 많이 한다. 고용은 더 늘어나고 경제는 성장한다. 국가의 경제 정책은 이러한 호순환이 잘 돌아가도록 적극적으로 개입한다.

이 과정에서 노동자는 노동조합이나 법 제정을 통해서 고용주에 대항하여 노동자가 보호받고 이익을 도모할 수 있는 권리를 스스로 추구했다. 포드주의적 기업 전략이나 케인스주의적 경제 정책은 노동권이 인정받기에 유리한 환경을 조성하기도 했다. 케인스주의에 기운 정부가 노동자를 보호하는 법을 제정했기 때문이기는 하지만, 고용주도 노동자가 잘 사는 것이 궁극적으로 모두에게 도움이 된다는 것을 인정하고 노동권을 받아들였다.

국가와 노동자, 고용주의 이러한 이해관계가 맞물려서 자유주의 시대는 끝났다. 이후 시대는 자본주의가 내세운 자유 경쟁의 원칙을 수정했다는 의미에서 수정자본주의라고도 불린다. 자유 경쟁 원칙보다 노동권을 인정하고 노동자의 복지에 신경 쓰는 것이 중요하다고 생각했던 것이다.

모든 것이 잘 돌아가는 것처럼 보였다. 그리고 어느 날 갑자기 죽은 줄 알았던 망령이 망토를 힘차게 휘두르며 되살아났다. 모든 것은 자유로운 시장 경쟁에 의해 결정되어야 하고, 그 생존 경쟁에서 탈락하면 기업이든 노동자든 도태되어야 하며, 기업의 자유가 최고의 가치로 인정되는 것. 즉 자유주의가 귀환한 것이다. 이를 두고 신자유주의라 한다.

이제 케인스주의의 시대는 끝났고 신자유주의가 대세라고 한다. 이것은 노동자와 노동권에는 매우 불리한 상황이다. 물론 자유주의자들은 예나 지금이나 노동권에 대해 매우 못마땅해하지만 그렇다고 이미 역사적으로 수립된 노동권을 완전히 제거해버릴 수는 없다.[15] 자본주의 초기처럼 노동조합이라는 것이 아예 금지되거나 근로기준법이 흔적도 없이 사라지지는 않을 것이다. 그러나 그것을 잠식할 수는 있다. 한국에서도 이미 그러했듯이 노동권의 기반이 되는 해고 요건을 완화한다든지, 지금 우리가 논의하는 비정규직 사용을 늘린다든지 하는 것을 통해서 말이다.

케인스주의하에서는 노동자도 기업도 국가 경제도 다 좋아 보이는 호순환이었는데 어찌하여 이러한 상황이 되었을까? 상황을 반전시키는 데 결정적인 역할을 한 것은 '세계화'였다. 케인스주의는 기본적으로 한 국가를 대상으로 기획된 것이다. 국내의 수요 촉진을 염두에 두고 그것을 위해서 기업을 규제하거나 종용하고 정책을 쓰는 것이다. 하지만 세계화는 이를 무용지물로 만들었다.

여기서 말하는 세계화란 경제의 세계화, 자본의 세계화를 의미한다. 즉 상품 시장과 자본 시장이 세계적으로 통합되고 기업이 국경을 넘어서 세계적 차원에서 활동하는 현상 말이다. 사실 이것은 포드주의와 케인스주의의 성공에 뒤따른 결과였다. 포드주의적 방식으로 성공한 대기업은 더 많은 이윤과 자본을 축적하고, 세계를 무대 삼아 활동하려는 욕심을 가지게 되었다. 이러한 자본의 성공은 국내 수요를 촉진시켰던 케인스주의적 국가 개입에 힘입은 것이기도 하지만, 거대해진 자본에게 국가 경계는 이제 너무 작아 맞지 않는 옷이 되어버렸다. 역설적이게도 케인스주의의 성공이 케인스주의를 붕괴시킨 셈이다.

물론 이것은 발전된 자본주의 지역의 대자본에 주로 해당되는 사례이지만, 바로 이들이 세계를 주름잡고 있다. 초국적 기업으로 변신한 이들은 다시 "내버려두라!", "우리 기업에게 자유를!"이라고 외친다. 이들이 자유롭게 전 세계를 누빌 수 있도록 상품 무역 장벽이 철폐되고 자본 시장과 금융 시장이 개방된다. 이것이 신자유주의다. 그리고 그 결과는 세계적 아수라장이다. 거대한 초국적 기업은 세계를 성큼성큼 누빈다. 더 많은 이윤을 찾아 국경과 대륙을 건너 다리를 이리저리 내뻗고, 이윤이 없으면 뻗은 다리를 거두어들인다. 이렇게 되니 거대 초국적 기업과 경쟁해야 하는 다른 기업도 마찬가지다. 더욱 심해진 세계적 경쟁의 압박에서 살아남기 위해서는 유연하고 재빠르게 움직여야 한다.

여기서 제일 먼저 희생양이 되는 것이 노동자와 노동권이다. 기업은 노동자를 대량 고용하고 고임금을 주었던 포드주의적 전략을 수정하여, 비용을 줄이고 더 많은 이윤을 찾아갈 수 있도록 '유연화' 전략으로 전환한다. 자본 이동이 자유로워지면서 정부가 노동자를 보호하고 싶어도 보호하기가 쉽지 않은 상황이 된다. 노동자의 이익을 옹호하는 정책을 쓰면 자본이 빠져나갈 것이기 때문이다. 한국경영자총협회 회장은 이렇게 말했다. "정치권이 노동계에 유리한 입법을 하면, 한국 공장의 문을 닫고 중국이나 인도로 떠나면 된다."[16] 이 경영자 대표의 발언은 오늘날의 상황을 단적으로 보여준다.

궁극적으로 노동자가 잘살아야 기업도 잘되고 국가 경제도 건실해진다는 것은 사실이다. 그러나 세계적 경쟁에 노출된 기업은 그런 장기적이고 전체적인 문제에 더 이상 신경 쓰지 않는다. 지금 당장 내 기업이 살아남아야 하고 더 많은 이윤을 남겨야 한다. 사실 이것이 원래 자본의 속성이기도 하다. 게다가 이러한 자본의 속성을 제어했던 정부가 힘을 잃었다. 케인스주의 정책은 효과가 없어졌고 '기업 하기 좋은 나라'를 보장해주지 않으면 떠나버리겠다는 협박 앞에서 자본의 비위를 맞추기에 급급하다. 경제 정책의 기조가 신자유주의로 변하고 기업의 이윤이 가장 우선적인 고려 대상이 되면서, 노동자의 삶은 뒷전에 내팽개쳐지고 노동권을 잠식하는 비정규직이 만연하게 된 것이다.

(2) 기술적·산업적 요인

ㄱ. 내부 노동 시장의 붕괴

비정규직 확산은 내부 노동 시장의 붕괴라는 점에 초점을 맞추어 설명할 수 있다. 앞서 말했듯이 내부 노동 시장이란 현재의 용어로 말하면 정규직을 일컫는다. 내부 노동 시장이 형성된 원인으로는 보통 세 가지를 든다. 노동권의 확립, 거래비용의 절감, 기업 특수적 숙련이다. 노동권의 확립이 내부 노동 시장 형성에 기여한 것은 앞서 이야기한 바와 같다. 법적으로 해고가 쉽지 않고 노동조합의 힘이 강해짐에 따라, 고용주도 어쩔 수 없이 노동자의 고용 안정과 임금, 승진을 보장할 수밖에 없다.

그리고 거래비용이란 쉽게 말해서 노동자를 찾아 거래하고 채용하는 데 드는 비용을 가리킨다. 물론 고용주의 입장에서는 임금을 한 푼이라도 적게 주는 것이 나으며, 1834년 영국 노

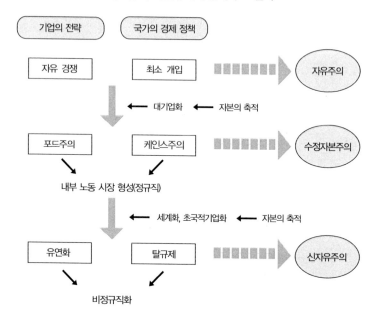

〈그림 2〉 자본주의의 경제 구조 변화

기업의 전략　　　국가의 경제 정책

자유 경쟁　　　최소 개입　　　　　　자유주의

← 대기업화 ← 자본의 축적

포드주의　　　케인스주의　　　　　　수정자본주의

내부 노동 시장 형성(정규직)

← 세계화, 초국적기업화 ← 자본의 축적

유연화　　　탈규제　　　　　　신자유주의

비정규직화

동자가 증언했듯이 돌아가며 노동자들의 임금을 깎거나 더 적은 임금으로 일할 수 있는 노동자를 찾고 싶어 한다. 그러나 기업의 규모가 커지고 대량 고용을 하게 되자, 최소한의 임금을 주고 고용할 수 있는 노동자를 찾거나 모든 노동자와 일일이 임금 협상을 한다는 게 어려워졌다. 그리고 그렇게 하기에는 시간과 비용이 너무 많이 든다. 그래서 일단 고용을 한 노동자는 웬만하면 바꾸지 않고, 임금이나 승진 같은 문제도 일일이 협상하기보다 규칙을 정해 다루거나 노동조합과 단체로 협상하는 쪽이 낫다고 판단하게 되었다.

그리고 한 직장에서 오래 근무하는 사람이 더 일을 잘할 것이라는 믿음도 있었다. 이것은 기업 특수적 숙련이라는 것으로, 같은 정도의 능력을 가진 사람이라도 실제로는 그 기업에서 오래 근무한 사람이 더 낫다는 것이다. 하다못해 회사 돌아가는 사정이나 분위기에라도 익숙할 것이기 때문에 돌발 상황에 더 잘 대처할 수 있고 능숙하게 일을 처리할 수 있다. 거기다가 고용 안정과 높은 임금, 승진 기회 등을 보장해주면 회사에 대한 애착이 강해질 터이므로 일을 더 열심히 잘할 것이다.

이러한 이유로 비록 노동자에게 들이는 비용이 좀 더 들더라도 고용 안정성과 비교적 높은 임금, 승진 기회 등을 보장해주는 것이 고용주에게 손해만은 아니었다. 그러나 기술의 발달은 이러한 이점을 약화시켰다. 정보 기술의 발달로 거래비용을 크게 줄일 수 있게 되었다. 언제든지 쉽게 노동자를 모집하고 채용할 수 있으며, 반드시 매일 출퇴근할 필요가 없다면 굳이 정식 고용할 필요도 없어졌다. 필요할 때마다 전화 한 통화로 불러낼 수 있고, 재택근무와 같은 형태를 이용할 수도 있다. 노동자와의 고용 거래뿐 아니라 기업 간의 거래비용을 크게 줄일 수 있어서, 결과적으로 대기업이 자체적으로 필요한 일을 모두 처리할 필요가 없어졌다.[17] 업무를 부분부분 잘라서 외주와 하청 방식으로 처리하는 것으로, 예전이라면 맞물려 있는 일들을 조정하는 것이 쉽지 않아 한 기업 내에서 알아서 처리하는 편이었지만, 정보 통신 기술의 발달로 이를 조정하는 것이 훨씬 쉬워졌다. 이에 따라 대기업이 분사(分社)를 진행하고 조직을 슬림화하면서 대규모 고용에서 나타났던 내부 노동 시장이 붕괴되었다.

또한 기술과 기계가 발전함으로써 노동자의 일이 탈숙련화되었고 이로 인해 기업 특수적 숙련도 의미가 없어졌다. 특히 기술과 기계의 표준화는 이러한 경향을 가속화시켰다. 예를 들어 업무를 처리하는 데 회사 자체적인 프로그램을 사용한다면 기업 특수적 숙련이 의미 있겠지만, 표준화된 범용 기술이 보급될수록 오래 근무한 사람이나 신입사원이나 별다를 바가 없어진 것이다. 따라서 굳이 오래 일하는 사람이 아닌 단기 계약직이나 파견직과 같은 비정규직을 사용해도 별 문제가 없다.

이처럼 기술 발전으로 인해 내부 노동 시장의 이점이 축소됨에 따라 비정규직이 증가한다는 설명은 현상적으로는 타당하다. 그러나 이런 설명 방식은 너무 협소한 설명이기도 하다. 예를 들어 오래 근무하고 고용 보장이 되어 있는 정규직이 책임감과 애착심이 강하고 장기적으로는 일을 더 잘할 것이라는 가정은 지금도 상식적으로 통용된다.[18] 사실 기술 발전과 탈숙련화는 꾸준히 지속돼온 것이며, 실제로 내부 노동 시장이 형성되던 시기에도 그 이전 시대에 비하면 기계와 기술의 표준화가 진행되고 있었다. 그럼에도 당시에는 현재와는 반대로 내부 노동 시장이 형성되고 강화되었다. 그리고 대기업의 슬림화가 나타나고 있다지만 실질적으로 대기업의 지배력은 더 커졌으며 사실상 기업 운영에 반드시 필요한 업무를 분사나 용역 등의 형식을 빌려 간접 고용하는 것에 불과하다. 또한 매일매일 해야 하는 핵심 업무에도 비정규직 사용이 증가

하고 있다. 따라서 내부 노동 시장이 붕괴한 것은 근본적으로 기업의 전략이 변화했기 때문이다. 물론 기술 발전이 이를 쉽게 실행할 수 있도록 했겠지만, 전략 전환의 직접적인 원인은 세계적 경쟁 압력이 강화되고 케인스주의가 사라진 경제 환경의 변화인 것이다.

ㄴ. 서비스 산업 부문의 팽창

비정규직 증가 원인에 대한 또 다른 설명으로 산업 구성의 변화를 들기도 한다. 즉 서비스 산업에는 원래 비정규직이 많은데 산업 구조가 서비스 산업이 팽창하는 방향으로 변화했기 때문에 비정규직 비율이 늘어났다는 것이다.

3차 산업이라고 불리는 서비스 부문이 팽창하는 것은 한국보다 앞서 자본주의가 발전한 구미에서는 1970년대부터 나타난 현상이고, 이제 한국도 그러한 경향을 뚜렷이 보이고 있다. 이것은 세계화에 의해 더욱 강화된다. 자본 이동의 자유화에 따라 제조업과 같은 산업의 자본은 노동자의 임금이 싸고 노동권이 확보되지 않은 나라에 쉽게 투자할 수 있게 되었다. 이미 한국의 대기업들도 중국과 동남아시아에 앞 다퉈 공장을 설립하고 그곳의 노동자를 고용하고 있다. 그러나 직접 사람을 상대하는 서비스 산업은 외국으로 빠져나갈 수 없다. 한국 사람이 쓰는 전자 제품은 중국에서 중국 노동자를 고용하여 만들 수 있지만, 그것을 판매하는 매장은 한국에 있어야 한다. 따라서 세계화에 의해 산업 유출이 진행된다 하더라도 서비스 산업의 고용만큼은 국내에 남아 있게 된다. 즉 이렇게 산업 구조가 변화하는 나라에서는 고용에서 서비스 산업의 비중이 증가하게 된다.

그러나 서비스 산업이라고 해서 특별히 비정규직을 고용해야 할 필연적 이유는 없다. 물론 동네 가게 점원의 예처럼 서비스 산업이 자영 노동에 더하여 몇몇 임금 노동자를 고용하는 영세 업체 수준에서 이루어진다면 내부 노동 시장이나 정규직이라는 것이 의미가 없으므로, 그러한 영세 업체에 의해 고용이 이루어지던 단계에서는 서비스 산업의 비정규직 비율이 높았었다. 하지만 앞에서 말했듯이 현재는 서비스 산업에도 대자본이 침투하고 기업과 임금 노동자라는 자본주의적 고용 관계가 확산된 상황임에도 그러한 곳에서조차 비정규직 고용이 일반적이라는 점이 문제다.

노동의 성격상 서비스를 제공하는 노동이 특히 비정규직 형태에 걸맞다고 볼 수는 없다. 현재는 비정규직 고용이 일반화된 분야에서도 초창기에는 정규직으로 고용했다는 점이 이를 뒷받침한다. 예를 들어 학습지 교사나 운송업과 같은 분야는 지금은 특수 고용 형태가 일반적이지만 1990년대 초반까지는 정규직으로 고용했다. 반대로 더 오랜 역사를 거슬러 올라가면, 제조업 부문의 노동자 역시 내부 노동 시장이 형성되기 전에는 지금의 비정규직과 유사한 방식으로 고용되던 시대가 있었다. 이를 보면 서비스 부문에서 비정규직 고용이 만연한 것은 서비스 노동의 본질적 성격 때문이 아니라 다른 요인에 의한 것임을 알 수 있다. 즉 서비스 부문이 팽창한 시기와 비정규직 고용이 확산하는 시기가 맞물려 있다는 것이다.

대기업이 서비스 부문에 진출하고 자본주의적 고용 관계가 급속히 팽창한 시기가 자본의 세계화와 신자유주의의 영향으로 기업 전략이 비정규직 고용으로 전환된 때와 일치한다. 더군다나 급속히 팽창한 신산업이었기 때문에, 기존의 내부 노동 시장 전통도 없었으며 비정규직화에 반대할 만한 노동조합도 드물었다. 다른 산업 부문에 비해 노동자의 저항이 덜하여 기업의 의도대로 비정규직으로 고용하기가 쉬웠던 것이다. 노동자의 입장에서 표현하자면 갑자기 산업이 팽창하면서 정신차릴 여유 없이 얼떨결에 당한 셈이다. 이러한 점을 생각해볼 때 산업 구성이 바뀜에 따라 비정규직 고용이 증가한다는 설명은 단순히 현상을 묘사한 것일 뿐, 본질적인 원인은 경제 환경과 기업 전략의 변화에서 찾아야 할 것이다.

2. 기업의 전략

결국 비정규직 확산은 세계화에 따른 경쟁의 심화와 신자유주의화라는 경제적 환경의 변화에 따라 기업의 전략이 변화한데 기인한다. 기업은 이전처럼 임금 노동자의 노동권을 준수하기보다 어떻게 해서든 피하려 하고 있고, 또 피하는 것이 가능한 상황이 되어버린 것이다.

그렇다면 기업은 비정규직을 고용함으로써 구체적으로 어떤 이익을 얻는가? 임금 노동자를 고용하는 주체인 기업의 입장에서 살펴보기로 하자.

(1) 유연하게, 자유롭게, 해고는 언제든지

1997년 말 경제 위기와 IMF 구제금융 사태 때 전 국민에게 알려진 용어가 '구조 조정'이다. 말 그대로 구조를 조정한다는 뜻을 가지고 있으나, 이제 이 용어에서 연상되는 것은 경쟁력 강화, 조직 개편, 퇴출, 해고 등이다. 실제로 경쟁력 강화를 위해 기업의 조직을 개편하고 퇴출과 해고를 실시하는 것이 바로 구조 조정이다.[19]

세계화와 신자유주의화는 기업을 심하게 압박한다. 세계를 무대로 끝없이 영역을 넓혀나가는 초국적 자본과 경쟁하고 스스로도 그렇게 되어야 하기 때문이다. 국가의 개입이나 보호는 사라져간다. 그러다 보니 기업을 둘러싼 상황이란 점점 더 불확실하게 요동치는 무한 경쟁의 소용돌이가 되어간다. 이러한 불안정한 상황 변화에 대처하고 경쟁력을 강화하기 위해 기업은 구조 조정을 한다. 그리고 이제 기업은 상황에 따라 언제든지 구조 조정을 할 태세를 갖추고 있다.

구조 조정의 주요한 방법은 보통 다운사이징이나 슬림화라고 부르는 것으로, 고용 인원을 줄이고 수익성이 덜한 부분을 퇴출하고 조직 구조를 통폐합하는 것이다. 이렇게 되면 물론 많은 노동자들이 해고된다. 외환위기 직후 1998년 노동법이 개정되어 경영상의 이유로 정리 해고가 가능해짐에 따라 해고를 통한 구조 조정은 더욱 쉬워졌다.

그렇다고 이것이 자본 자체의 위축을 뜻하는 것은 결코 아니다. 사실 경쟁이 격화되면서 유리한 것은 대자본이다. 이들은 다운사이징으로 몸을 가볍게 해서 새 이윤을 향해 쉽게 뻗어나갈 수 있도록 조직을 '유연하게' 변화시키려 한다. 상황에 따라서 쉽게 몸을 움츠리거나 옮겨 갈 수 있고 한쪽을 축소하면서 다른 쪽을 확장할 수 있는 유연성을 갖추려는 것이다.

기업 조직은 어떻게 유연해질 수 있는가? 기업을 운영하기 위해서는 많은 일과 사람이 필요하다. 하다못해 건물을 청소하는 일도 수익성과는 관계가 멀지만 없어서는 안 되는 일이다. 어떻게 수익성에 집중하도록 조직을 개편하고, 기업 조직의 부분을 상황에 따라 유연하게 퇴출하거나 확장하며, 노동자를 쉽게 해고할 수 있을까? 그 방법의 하나가 비정규직 고용이다.

우선 기간제 고용의 경우는 고용 계약 기간을 짧게 정해놓았으므로, 그 부분을 축소하고자 할 때 그 일을 담당했던 노동자와 재계약하지 않는 방법으로 쉽게 축소할 수 있다.

파견, 용역, 하청 등으로 불리는 간접 고용은 기업에서 필요한 일의 각 부분을 형식적으로 서로 다른 업체들이 맡는 것인데, 사실상 그것을 지배하고 통제하는 것은 대자본의 대기업이다. 이렇게 되면 대기업은 상황에 따라 유연하게 움직일 수 있다. 시장 상황의 변동으로 사업을 축소하거나 발을 빼고 싶으면, 그 부분을 담당한 업체를 퇴출하면 된다. 이때 망하는 것은 하청기업일 뿐 대기업은 손해 볼 것이 없다. 즉 경제적 상황의 불안정성에 대한 위험을 더 작은 자본에게 전가하는 것이다. 간접 고용된 노동자의 입장에서는 소속된 업체가 퇴출되면 사실상 해고당하는 것과 다름없다.

나아가 특수 고용은 이 불안정성의 위험 부담을 아예 노동자에게 직접 전가한다. 운송 분야를 사례로 들어보면, 예전에는 운송 기업이 차량을 갖고 노동자를 고용하여 운영했으나, 구조 조정 과정에서 운전 노동자에게 차량을 불하하고 사업주 등록을 시킨 후 일거리를 주는 방식으로 바꾸었다. 고속도로에서 흔히 보는, 유명한 운송 기업의 이름을 달고 달리는 대형 차들은 그 기업의 차량이 아니며 운전기사 역시 그 기업의 노동자가 아니다. 그들은 특수 고용 형태로 채용된 것이다. 이렇게 하면 기업 입장에서는 경제적 상황의 불안정성에 대한 부담을 훨씬 줄일 수 있다. 예를 들어 경기가 좋지 않아 운송 물량이 줄었다고 해보자. 예전이라면 경기와 상관없이 월급은 지급되었을 테지만 지금은 운전기사에게 일거리를 주지 않으면 그만이다. 이제 기름값을 내는 것은 차주인 운전기사이기 때문에 유가 변동에 대한 위험 부담도 없다. 위험 부담을 떠맡는 것은 노동자다.

이런 방식으로 기업은 상황이 곤란해지면 자기 다리를 끊고 가버리는 문어처럼 유연하게 움직일 수 있다. 그러나 유감스럽게도 잘라낸 다리에 매달려 있는 것은 수많은 노동자의 삶이다. 단지 기업의 방침이 바뀌었다는 이유로 비정규직 노동자는 떨어져 나간다. 그들은 언제든 해고를 당할 수 있다는 불안에 떨며 살아야 한다.

기업의 입장에서야 자유롭게 움직일 수 있겠지만 고용에 생계를 의존하고 고용주에 종속적일 수밖에 없는 노동자는 결코 자유롭지 못하다. 비정규직 노동자들은 노동권에서 배제되고 기업 이사실에서 오가는 말 몇 마디에 생명줄을 걸게 된다. 결국 '기업의 자유'라는 신자유주의의 모토는 비정규직 노동자의 희생을 딛고 실현되는 것이다.

(2) 더 많은 이윤, 더 적은 임금

기업이 경쟁에서 살아남고 경쟁력을 높인다는 의미는 당연히 더 많은 이윤을 남긴다는 것을 뜻한다. 그리고 경쟁의 압박이 심해졌다는 것은 숨 돌릴 여유도 없이 빨리 그리고 계속 더 많은 이윤을 남겨야 함을 뜻한다.

사실 그렇다. 경쟁이 세계적으로 격화되고 국가의 보호가 사라지면서 기업은 여유가 없어졌다. 이렇게 여유가 없어지면 한참 후에야 성과가 나타나는 장기적인 투자나 기업의 건실성 같은 것은 종종 무시되고, 어떻게든 당장 더 많은 이윤을 남기기 위해 혈안이 된다. 이렇게 단기 이익만을 좇는 경향을 단기주의short-termism라고 한다.

이러한 경향은 세계화와 더불어 진행된 금융화에 의해 더 강화된다. 금융화란 자본을 생산 부문에 투자하지 않고 주식 시장 등을 통해 이익을 얻으려는 경향을 일컫는다. 노동자도, 이 책을 읽는 당신도 주식 투자를 하고 있을지 모르지만, 사실 중요한 것은 대규모 금융 자본이다. 개미 투자자들이야 시장을 쥐락펴락하는 금융 대자본의 행위와 결과에 좌우될 뿐이다. 특히 세계화로 인해 국가 간 금융 시장이 개방되고 자본 이동이 자유로워지면서 세계를 무대로 활동하는 초국적 금융 자본은 투기화되는 경향마저 보인다. 즉 외국 기업의 주식을 대량 매입해 이익 배당금이나 시세 차익을 얻은 후 빠져나가는 것이다. 이렇게 기업의 소유권이 그 기업의 장기적 성장보다는 당장의 이익에 관심이 있는 금융 자본에 의해 주로 지배되면서 단기주의는 더 강화된다.

〈표 4〉를 보면 한국이 세계화의 자장에 본격적으로 흡수되면서 노동자의 소득 증가가 크게 떨어진 대신 기업의 이익이 중시되고 있음을 알 수 있다. 기업이 잘되어야 노동자도 잘산다는 말은 이제 들어맞지 않는다.

기업의 이윤을 높이는 방법을 생각해보자. 물론 상품 시장 경쟁에서 승리하면 되지만, 다른 경쟁 기업이 눈을 부릅뜨고 있는 한 마음대로 될 일은 아니다. 가장 손쉽게 그리고 빨리 효과를 볼 수 있는 방법은 비용을 줄이는 것이다. 그리고 비용 중에서 가장 빨리 줄일 수 있는 것이 노동 비용이다.

비정규직을 고용하면 노동 비용을 줄일 수 있다. 임시직이나 일용직 형태로 기간제 고용을 하면 장기근속을 해도 호봉 수당을 올려주거나 퇴직금을 누적하지 않아도 된다.

간접 고용 비정규직의 경우는 더욱 그렇다. 이때 노동자는 실제로는 A기업의 일을 해주면서 소속은 B기업으로 되어 있다. A기업은 왜 직접 고용하지 않고 다른 업체를 통해 간접 고

〈표 4〉 개인 소득 증가율과 기업 소득 증가율 비교[20](단위: %)

구분	1980 년대	1990~ 1996	2000~ 2004	비고
개인 소득 증가율	10.6	7.0	2.4	임금 노동자, 자영업 포함
기업 소득 증가율	7.8	6.5	18.9	

용을 하는가? 앞서 말한 대로 유연하게 움직일 수 있기도 하지만, 하청업체끼리의 경쟁을 부추겨 비용을 줄일 수 있기 때문이다. 어떤 일을 맡겠다고 나서는 업체 중에서 가장 낮은 금액을 써내는 업체를 선정할 수 있다. 그러고 나서 선정된 업체인 B기업이 어떻게 그렇게 낮은 금액으로 일을 해낼 수 있는지에 대해서는 관여하지 않는다. 노동자에게 지나치게 낮은 임금을 주든 다른 합리화를 통해서 비용을 낮추든 실제로 일을 시키는 A기업은 알 바 아니다.

또한 특수 고용 노동자라면 호봉 수당이나 시간 외 수당, 퇴직금 등이 있을 리 없으며 고용주가 부담해야 하는 비용을 회피할 수 있다. 게다가 특수 고용 노동자끼리의 경쟁을 유발해 노동 비용을 낮출 수 있고, 실적에 따라 임금을 지급함으로써 일일이 지시를 하는 통제 비용을 덜 들이고 노동자 스스로 열심히 일하게 만들 수 있다.

하지만 사실 비정규직 노동자라고 해서 반드시 기업 복지에서 제외하거나 임금을 더 적게 줄 필연적인 이유는 없다. 이에 관한 한 결정적인 것은 비정규직 노동자의 입지가 고용주에 대해 매우 취약하다는 점이다. 앞서 보았듯 사실상의 해고가 쉬우니 노동자로서는 감히 임금을 올려달라고 할 수 없고 불리한 조건을 감수할 수밖에 없다. 비정규직 노동자도 노동조합을 만들고 집단적으로 행동하면 사정이 좀 나아지기도 한다. 그런데 바로 그것이 정규직 노동자에 비해 어려우며, 그 때문에 기업이 비정규직 노동자를 낮은 임금을 주고 고용하는 것이다.

(3) 뭉치지 말고 흩어져라

노동자는 뭉칠수록 유리하다. 한 기업 고용주에 대항하든 국가 정책을 대상으로 하든, 많은 노동자가 집단적으로 행동해야 압박을 느끼기 때문이다. 단적으로 파업을 한다 해도 적은 수의 노동자만 참가하면 고용주나 정부는 코웃음을 칠 것이다.

반대로 고용주인 기업의 입장에서는 노동자가 분할되고 개별화되며 서로 시기하고 불신할수록 더 유리하다. 그리고 기업은 노동자가 뭉치는 것을 방해하기 위해 비정규직을 채용하기도 한다.

기간제 고용 비정규직 노동자, 즉 임시직·일용직이나 계약직 노동자는 노동조합에 적극적으로 참여할까? 그렇지 않을 것이다. 괜히 노동조합에 참가했다가 고용주의 눈에 거슬려 재계약을 하지 못할까 두려울 수밖에 없다. 또 언제 그만두게 될지도 모르는데 굳이 노동조합에 가입해서 열심히 활동하고 싶은 생각도 들지 않을 것이다. 따라서 노동조합은 정규직을 중심으로 만들어지는 경향이 있고, 한 직장 내에서도 비정규직은 노동조합에 잘 가입하지 않는다. 이렇게 노동조합에 참여하는 숫자가 적을수록 노동조합은 힘을 못 쓰고 풀이 죽을 수밖에 없다.

그리고 간접 고용 비정규직이라면 같은 사업장의 바로 곁에서 일하고 있는 노동자들끼리 서로 소속 기업이 달라지는 셈이다. 이것은 노동자들이 함께 뭉치는 데 결정적인 방해물이 된다. 특히 한국에서는 기업별 노동조합과 노사협상이 지배적이기 때문에, 노동조합을 만드는 데 있어서 노동자들끼리 분할될 확률이 크다.[20] 본기업의 노동자들과 간접 고용 노동자들이 함께 노동조합을 만들지 말라는 법은 없지만, 소속기업이 다르면 노사협상을 따로 하므로 같은 노동조합으로 뭉치는 경우가 극히 드물다. 이러한 분할은 노동자들에게는 불리하고 고용주에게는 유리하다. 본기업의 노동자들과 파견이나 사내 하청과 같은 간접 고용 노동자들이 각각 노동조합을 조직하면, 같은 조직이 아니기 때문에 여러 가지 절차상 보조를 맞춰 행동하기가 쉽지 않다. 그만큼 한 사업장 내에서도 동시에 집단행동에 참여하는 노동자 숫자가 적어지므로 그 위력은 줄어든다.

노동자가 이렇게 분열될수록 고용주 입장에서는 유리하기 때문에 기업은 일부러 정규직과 비정규직 노동자 사이를 이간하는 방법을 쓰기도 한다. 채용 경로를 달리하거나 정규직 노동자에게 비정규직 노동자를 감독케 하거나 기업 복지 면에서 비정규직 노동자를 소외시킴으로써 서로 불신하거나 서운한 감정을 갖게 하여 함께 뭉쳐 행동하지 못하게 하는 것이다.

마지막으로 특수 고용 비정규직의 경우는 어떨까? 사실 특수 고용은 노동자들을 분할하다 못해 개별화하는 경우다. 특수 고용 노동자들은 각각 개별 사업주로 등록되어 있으며, 임금 노동자로서 단결할 권리가 없다.

게다가 특수 고용 형태는 노동자들 간의 경쟁을 부추긴다. 정해진 임금이 아니라 개별 실적에 따라 돈을 받기 때문에 노동자마다, 또 매일매일 임금이 달라진다. 예를 들어 외근 업무인 운수업에서도 운행 노선과 시간이 정확히 정해져 있어 개인적으로 임금이 달라질 여지가 없는 버스 기사들은 회사에 고용되지만, 운행 시간과 거리가 불규칙한 퀵서비스 배달 기사나 대리운전 기사는 특수 고용 노동자다. 이들은 그날 몇 건의 일을 했느냐에 따라 임금이 달라지기 때문에 더 많은 돈을 받기 위해 알아서 부지런히 일할 것이다. 그렇다고 이들을 자영 노동자로 볼 수는 없다. 이들은 스스로 사업을 확장할 여지도 없고 회사에 의뢰가 들어온 일을 하라는 대로 할 뿐이다. 하지만 이렇게 개인마다 그리고 날마다 임금이 달라지므로, 이들은 단결하는 대신 개인적으로 '내가 더 열심히 일하면 되겠지'라고 생각하게 된다. 심지어는 동료조차 경쟁자로 간주할 수 있다. 이런 방식으로 노동자들끼리 뭉치는 것을 방해하게 된다.[22]

이처럼 비정규직을 씀으로써 기업은 세 가지 이익을 얻는다.

〈표 5〉 기업이 비정규직을 사용해서 얻는 이득

	유연화	비용 절감	노동자 분할
기간제 고용	해고의 용이 (계약 비갱신)	정규직과 임금 체계 분리 (각종 수당, 퇴직금 등 회피)	해고(계약 비갱신)의 위협
간접 고용	경제적 상황의 불안정성을 하청업체에 분산·전가	하청업체 간의 경쟁 이용	노동자들의 소속 기업 분리
특수 고용	경제적 상황의 불안정성을 노동자에게 전가	노동자 간 경쟁 이용	개별화

해고를 쉽게 하여 유연하게 움직일 수 있고, 노동자에게 들이는 비용을 줄일 수 있으며, 노동자가 단결하지 못하게 방해할 수 있다. 물론 이것은 서로 연관되어 있다. 해고가 쉬우니 노동자가 단결하기 어렵고, 단결하지 못하니 임금 향상이 어렵다. 일해서 먹고살아야 할 우리의 불안한 마음이야 어떻든, 기업의 입장에서는 꿩 먹고 알 먹고 둥지 뜯어 불 지피는 일석삼조니 비정규직을 확대하지 않을 리 없다.

3. 구조 조정과 비정규직화

신자유주의적 세계화로 경쟁이 더욱 격심해지면서 기업은 끊임없는 구조 조정을 통해 유연성과 비용 절감을 꾀하게 되며, 이때 비정규직을 고용할 때의 이점을 앞서 살펴보았다. 여기서는 이러한 과정을 좀 더 구체적으로 들여다볼 것이다.

한국의 경우 1990년대에 접어들면서 이러한 조짐이 나타나기 시작했으나 결정적으로 1997년 말 발생한 외환위기로 인해 IMF의 구제금융을 받게 되면서 반강제로 세계화의 자장에 급격히 편입되었다. 한국에서 내부 노동 시장이 분명하게 나타나고 노동조합의 권리를 포함한 노동권이 현실화되기 시작한 것이 1987년 노동자대투쟁 이후라고 본다면, 한국의 노동자들은 겨우 10년 만에 이 성과가 다시 해체되는 상황을 맞이했다고 볼 수 있다.

여기서는 1997~1998년 IMF 구제금융 시기를 기점으로 하여 은행 부문과 공공 부문 두 산업의 구조 조정과 비정규직화가 진행되는 과정을 추적해보기로 하자. 이 과정은 산업 부문에 따라 다양하게 전개되었지만 특히 이 두 부문은 대표적으로 내부 노동 시장이 확고했던 부문이었다.

(1) 은행 부문

은행은 IMF 구제금융이라는 충격을 직격으로 받은 부문 중 하나로, 구조 조정의 시작은 외부에 의해서 거의 반강제적으로 시행되었다. 1997년 12월 IMF가 한국에 구제금융을 지원하는 대신 이행해야 할 조건으로 제시한 것 중에서 가장 핵심적인 조항이 바로 금융 부문의 구조 조정이었다. 여기에는 금융개혁법안 즉시 통과, 부실 기관 정리와 금융 기관 퇴출 제도 마련, 국제결제은행(Bank for International Settlements, BIS) 자기 자본 비율 적용, 외국 금융 기관에 대한 개방 등이 포함되어 있었다. 이에 따라 1998년 1월에는 제일은행과 서울은행이 부실 금융 기관으로 평가받아 공적 자금 지원 요청 및 자본금 감소 명령을 받았으며, 2월에는 12개 은행이 경영 개선 조치 요구와 권고를 받았다. 1998년 6월에는 5개 은행이 퇴출되었다.

금융 구조 조정은 은행이라는 기업으로 하여금 신자유주의 구도에 맞는 구조를 갖추게 만드는 것이었다. 은행의 영업 기조란 다른 경제 부문에 연쇄적으로 영향을 미치는 것으로 국가 경제에서 핵심 고리이기 때문에 이에 대한 정부의 간섭과 보호가 매우 컸다. IMF의 목적은 이른바 '관치 금융'을 해체하고 은행을 시장에 노출시킴으로써, 은행 부문과 더불어 다른 산업 부문의 기업까지 신자유주의적 경쟁의 세계에 편입시키려는 것이었다. 따라서 금융 부문의 구조 조정 자체는 IMF의 조건에 따라 정부가 강력하게 시행함으로써 시작되었으나, 그 결과 은행에 대한 정부의 지배력과 보호는 크게 약화되었다. 은행은 치열한 경쟁 체제에 돌입했고 경쟁력을 갖추지 못한 은행은 퇴출되거나 흡수되었다.

살아남은 은행은 경쟁력을 제고하기 위해 합병을 감행했다. 은행 합병은 구조 조정 초기에는 부실 은행을 정리하기 위한 수단으로 쓰였으나 곧 은행 스스로 경쟁력을 갖추기 위해 합병을 통한 대형화를 추구했다. 어쨌든 자본의 집중과 대규모화는 경쟁에서 매우 유리한 고지를 차지할 수 있는 요건이다. 또 IMF의 조건에 따라 외국 금융 기관과 외국 자본에 대한 개방 역시 이루어졌다. 2006월 2월까지 구조 조정 상황의 개요를 정리해보면 〈그림 3〉과 같다.

결국 경쟁력이 떨어지면 가차 없이 퇴출당하고, 경쟁에서 승리하기 위해서 자본의 집중과 대기업화를 추구하며, 외국 자본이 진출함에 따라 세계적 경쟁을 치러야 한다는 신자유주의적 경쟁의 논리가 철저하게 관철된 셈이다.

이 구조 조정 중에 은행의 노동자들은 어떠한 상황에 처했는가? 은행의 퇴출과 합병으로 수만 명의 노동자가 일자리를 잃었다. 게다가 1998년 IMF의 조건을 불과 몇 달 내에 맞춰야 했기 때문에 은행들은 허둥지둥 대규모 인원 감축을 시행했다. 그러다 보니 우습게도 정말로 필요한 일손조차 모자라는 사태가 발생했다. 실컷 해고를 시켜놓고 얼마 안 가 은행들은 다시 새롭게 채용을 할 수밖에 없었다. 그런데 바로 이 때 고용 형태를 정규직이 아닌 비정규직, 즉 계약직으로 채용했던 것이다.

사실 당시 비정규직으로 고용된 노동자는 대부분 전직 은행원이었다. 업계의 노동자가 대량 실직했기 때문에 몇 달 전까지만 해도 은행에서 일하던 경력자는 넘쳤고, 기업에서는 당연히 업무를 잘 아는 경력자를 뽑았다. 그러다 보니 불과 얼마 전에 정규직으로 일했던 직장에서 똑같은 일을 맡아 이번에는 비정규직으로 일하는 경우가 생겼다. 어처구니없는 일이지만 같은 사람이 같은 회사에서 같은 일을 하는데도 정규직과 비정규직이라는 지위의 차이는 컸다.

한 시중 은행에서 일하는 배아무개(37) 씨는 얼마 전 우울한 경험을 했다. 회사에서 추석 상여금을 줬는데, 배 씨는 임시직이란 이유로 받지 못한 것이다. 배 씨는 지난해 12월 다니던 은행이 구조 조정을 하면서 명예퇴직을 했다가 올해 초 계약직으로 재입사했다. 퇴직 전 연봉은 3,000만 원을 넘었으나, 계약직으로 다시 입사한 뒤 급여는 연 1,400만원 수준으로 깎였다.

최근 경기 회복에 따라 국제통화기금 구제금융 사태 뒤 구조 조정 때 퇴직한 직원들을 다시 부르는 직장이 늘고 있다. 그러나 대개 비용을 아끼기 위해 계약직으로 고용하면서 돌아온 직원들과 남아 있던 직원들 사이에 임금 등에서 높은 장벽이 생겨 우울한 직장 분위기를 자아내고 있다.

〈그림 3〉 시중 은행 부문의 구조 조정(2006년 6월)

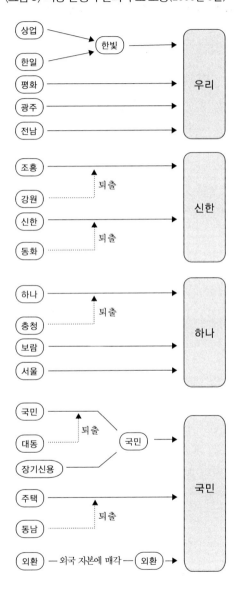

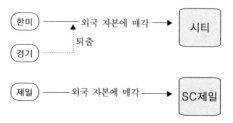

계약직으로 재고용된 사람들의 서러움은 임금에 그치지 않는다. 회식 자리 등에 잘 어울리지 못하는 등 눈에 보이지 않는 차별을 스스로 느끼게 된다. 시중 은행에 계약직으로 재입사한 김아무개(36) 씨는 "처음에는 회식 자리에도 꼭 참석했지만 정규직인 옛 동료들이 불편해하는 것을 느끼고부터는 알아서 빠진다"고 말했다.[23]

사실 IMF 구제금융 조건에 의한 구조 조정의 태풍에 휘말리기 전까지 은행원은 대표적으로 안정적인 직종 중 하나로 여겨졌다. 더군다나 1989년 남녀고용평등법이 발효됨에 따라 창구 상담 업무를 주로 맡은 여직원들도 남자 직원과 똑같이 승진과 정년을 보장받게 되면서 내부 노동 시장은 더욱 확고해졌다. 비정규직이 없었던 것은 아니나 일부 지점에서 업무가 몰려 바쁠 때 보조하는 시간제(파트타임) 노동자를 고용하는 정도로 비교적 소수였다.

그러나 이제 상황은 바뀌었다. 은행은 상시적인 일에도 비정규직을 고용하기 시작했고, 내부 노동 시장은 그만큼 잠식되었다. 2005년 현재 약 30% 정도의 은행 노동자가 비정규직이고 그중 20%는 계약직이다. 그리고 구조 조정이 시작된 무렵에는 주로 전직 은행원들이 비정규직으로 채용되었지만, 비정규직 고용이 본격화됨에 따라 차츰 처음 입사부터 정규직과 비정규직으로 나뉘어 노동자로서의 경력을 시작하게 되는 경우가 많아졌다. 계약직은 정해진 기간마다 계약 갱신을 되풀이하게 되고, 임금은 정규직 노동자의 절반 정도에 불과하다. 그러나 하는 일 자체는 정규직 노동자와 비정규직 노동자가 크게 다를 바 없다.

> 우리 같은 경우는, 계약직만 하는 직무가 따로 있는 것은 아니니까. 정규직과 바로 옆에서 똑같은 일을 하니까요. 원하면 어느 업무, 부서든지 변경시켜줍니다.
>
> ─A은행 인사담당자[24]

상황이 이러니 이상하지 않을 수 없다. 같은 일을 하고서도 비정규직이라는 이유만으로 임금은 반토막 나니, 정당하지 않다고 느끼게 되는 것이 당연하다. 비정규직 노동자는 불만이 쌓이고 정규직 노동자로서도 미안한 감정을 갖게 된다.

> 짜증 나죠. 실제로 똑같은 일을 하는데, 월급은 너무나도 큰 차이가 나니까. 실제 업무 능력으로 봤을 때도 제가 더 낫다고 생각을 하거든요.
>
> ─B은행 비정규직 노동자[25]

노동자들이 회사의 처사를 부당하다고 생각하는 것이 기업으로서도 좋을 리 없다. 단지 불만이 아니라 부당하다고 느끼게 되면, 노동자들이 저항하거나 집단적으로 연대할 가능성이 높아지기 때문이다.[26]

이로 인해 정규직과 비정규직의 업무를 분리하는 경향이 점차 강해지고 있다. 즉 정규직과 비정규직이 동일한 일을 하는한 아무래도 차별이 정당화되기 어려우니, 원래는 같이 하던업무를 분할하여 정규직과 비정규직에 따로 나누어 맡기는 것이다. 이렇게 업무를 조정하는 것은 경쟁 체계에 돌입한 은행이 수익성 중심으로 구조 조정을 계속 해나가는 것과도 연관되어 있다.

요즘 은행에 들러보면 은행의 업무 방식이 많이 바뀌고 있음을 느낄 수 있다. 입출금이나 이체, 공과금 납부와 같은 단순업무는 이제 거의 자동화 기계로 이루어지고 은행 창구에서는거의 받아주지 않는다. 이렇게 자동화 시스템을 계속 개발함에 따라 노동력을 줄일 여지가 많아지기 때문에 해고가 쉬운비정규직을 점점 더 많이 채용한다. 그리고 비정규직의 계약기간은 점점 짧아지는 경향을 보인다. 새로운 시스템이 개발되어 노동력을 줄일 수 있으면 당장 정리하려고 하는 것이다.누구에게나 은행 창구에서 카드나 타 상품에 대해 집요하게권유받은 경험이 있을 것이다. 이러한 경험은 근래 들어 더 빈번해지고 있다. 이것은 은행 노동자에게 실적의 압박이 강화되고 있기 때문인데, 많은 경우 정규직 노동자뿐만 아니라 비정규직 노동자에게도 해당된다. 실적이 비정규직 노동자의 재계약에 영향을 미치는 것이다.

그리고 언제부터인가 은행 공간이 분할된 것을 보았을 것이다. 간단한 일을 보는 창구와 은행에 수익을 가져다주는 상담 창구가 분리되어, 후자의 경우는 의자도 마련되어 있고 대기 시간도 짧은 편이다. 이익이 되는 업무를 중심으로 하겠다는 의미이다. 이때 수익이 되는 상담은 정규직 직원이 맡고, 간단한 상담은 주로 비정규직 노동자에게 맡긴다. 업무를 분리하여 정규직이 비정규직보다 더 중요해 보이는 일을 담당하게 만듦으로써 정규직과 비정규직의 분할을 교묘하게 정당화하는 것이다. 그리고 업무 공간이 분리되어 있는 콜센터도 직접적으로 정규직의 일과 비교되는 바가 덜하기 때문에 비정규직을 많이 도입하고 있다.

사실 은행의 비정규직 노동자들이 하는 일들은 모두 예전에는 정규직 노동자가 했던 것이고 지금도 대부분이 그렇다. 단예전에는 정규직 노동자들이 돌아가며 맡았다면, 지금은 업무를 계속 분할하고 쪼개어 비정규직 노동자에게는 상대적으로 단순한 업무만 맡긴다. 정규직 노동자는 더 복잡한 업무로 옮겨 가고 승진할 기회가 있는 반면, 비정규직 노동자는 계속 단순한 업무에 머무른다. 즉 내부 노동 시장을 보장하는 범위와 숫자가 훨씬 줄어든 것이다.

비정규직 노동자의 입장에서는 언제 해고될지도 모르는데다가 정규직과 달리 경력을 쌓아 승진할 가능성도 없으니 일에 대한 책임감이나 직장에 대한 애착이 덜하다. 역으로 이것이 정규직과 비정규직의 차이를 정당화하고 분열시키는 근거가 되기도 한다. 많은 정규직 노동자들이 비정규직 노동자들은 일에 대한 책임감이 없다고 힐난한다. 심지어 비정규직 노동자 스스로 그렇게 생각하기도 한다.

비슷한 일을 하는 것 같아도 우리는 칼퇴근하지만 정규직 언니들은 밤늦게까지 남아서 일하거든요. 책임이나 스트레스도 더 많고, 그런 점에서는 비정규직이 나은 것 같아요.

—H은행 비정규직 노동자[27]

하지만 비정규직 노동자가 책임감이나 헌신성이 덜한 것은 그들을 내부 노동 시장에서 배제하는 기업의 전략 때문이다. 그들에게는 책임감을 가질 이유가 없는 것이다. 그러나 그들이 비정규직을 자발적으로 선택한 것이 아니다. 10여 년 전이라면 정규직으로 채용되었을 직무임에도 구조 조정으로 정규직 채용 가능성이 줄어들었기 때문에 어쩔 수 없이 비정규직이 되었을 뿐이다. 한 은행 노동자의 말대로 "누구는 좋은 시절에 은행 들어와서 정규직이고, 누구는 불행한 시절에 입사해서 비정규직이 되는 거다".[28]

칼퇴근해서 비정규직이 더 낫다고 말한 은행 비정규직 노동자는 다음과 같이 말했다.

정규직이요? 되면야 좋죠. 근데 가능성 없으니까. 그냥 임시로 다니는 거예요.

—H은행 비정규직 노동자

(2) 공공 부문

공공 부문의 노동자, 즉 공무원, 공사, 공단 등 정부 출연 기관은 '철밥통'이라는 비아냥거림까지 들을 정도로 내부 노동 시장이 확고했던 부문이었으나, 이 부문의 구조 조정 역시 IMF의 구제금융 지원 조건에 핵심적이고 구체적으로 포함된 사항이었다.[29] 따라서 공공 부문의 구조 조정은 1998년부터 다급히 본격적인 시동을 걸었다. 당시 공공 부문 개혁이라는 이름으로 행했던 구조 조정의 방향에 대해서 2003년 기획예산처의 〈공공 개혁 백서〉는 다음과 같이 말하고 있다.

위기 극복을 위해 정부가 추진한 4대 부문 개혁의 핵심은 시장 메커니즘의 회복을 통한 효율성의 제고다. 민간 주도, 시장 경제, 기업가적 경영, 경쟁과 개방 등 당시 개혁의 화두였던 용어들은 국민의 정부의 개혁 방안을 상징적으로 보여준다. 공공 부문 개혁 역시 이러한 방향에서 추진되었다. 공공 부문의 슬림화를 통한 민간 경제 영역 확대, 경쟁과 성과 원리 도입을 통한 효율성의 제고 등을 통해 보다 경쟁력 있고 생산성 높은 정부를 만드는 것을 공공 개혁의 기본 방향으로 삼았던 것이다.

지금도 마찬가지지만 당시 정부가 내건 캐치프레이즈는 '작지만 효율적인 정부'로서, 기업 경영 마인드로의 전환과 사기업 따라잡기를 공표했다. 신자유주의를 잘 표현하고 있는 앞의 인용문에서처럼 작지만 효율적인 정부라는 구호는 공공 부문에 대한 신자유주의의 전형적인 수사다. 익히 알고 있듯이 자본주의 초기 자유주의자들은 정부의 역할은 '야경 국가'로 제한되어야 한다고 주장했다. 그러나 자유주의 시대 이후 케인스주의 시대에 정부가 맡은 부문은 크게 확장되었고, 이는 몇 가지 근거를 갖고 있었다.[30]

우선 공공 서비스는 이윤을 추구하는 사적 기업이 아니라 국가가 기본적으로 제공해야 한다는 이념이다. 전기를 예로 들어보자. 전기는 사람들이 살아가는 데 필수적이다. 그러나 만약 전기 공급을 이윤을 추구하는 사적 기업에 맡긴다면 설비 투자가 많이 들어가는 낙도에는 공급하기를 꺼릴 수 있고, 또 이윤을 위해 가격을 높이 책정해 가난한 사람들은 전기를 쓰기 어려워질지도 모른다. 따라서 정부가 맡아 낮은 가격에 전기를 공급하는 것이다.[31]

또한 정부가 많은 수의 노동자를 직접 고용함으로써 경제를 안정화하고 수요를 촉진시킬 수 있다는 케인스주의식 근거도 있다. 사실 공공 서비스 제공도 케인스주의식 근거와 무관하지 않은데, 정부가 공공 서비스를 저렴하게 공급하여 이에 큰 돈을 쓰지 않을 수 있다면 사적 기업이 맡은 다른 상품의 수요가 늘어날 것이기 때문이다.

그러나 앞서 말했듯이 자본의 세계화 앞에 국내 수요를 중시하는 케인스주의적 사고는 붕괴되었고, 자유주의로의 귀환을 원하는 신자유주의자들은 정부의 축소를 강력하게 주장했다. 우리보다 앞서 신자유주의를 채택한 나라는 공공 부문의 구조 조정을 시행했다. 특히 세계의 신자유주의화를 주도했던 1980년대 영국의 대처 정부와 미국의 레이건 정부는 정부 축소의 모범을 보여주었으며, 역시 신자유주의를 신봉하는 IMF의 지원을 받은 국가들도 정부 축소를 강력하게 집행할 수밖에 없었다.

다른 나라에서와 마찬가지로 한국에서도 공공 부문 구조 조정은 다음과 같이 이루어졌다. 하나는 민영화, 즉 정부가 담당하던 부분을 사적 자본에 팔아넘기는 것으로, 한국통신, 한국전력, 가스공사 등 주요 공기업과 공기업의 자회사들을 이미 민영화했거나 추진 중이다. 자본의 입장을 대변하는 신자유주의자들이 민영화를 주장하는 이유는 명백하다. 정부가 맡았던 부문까지 자본이 자유롭게 진출할 수 있도록 하기 위해서이며, 이와 함께 외국 자본에 대한 개방도 병행한다. 실제로 한국에서 민영화된 주요 공기업의 상당수가 외국 자본으로 넘어갔다. 공공 서비스에 관한 한 민영화는 신자유주의자들이 정당화하는 것처럼 품질 향상과 가격 인하로 이어지지 않는다. 그럴 리 없다. 낮은 가격으로도 공급을 유지할 수 있는 정부와 달리 기업이야말로 이윤을 내지 않으면 망하기 때문이다.[32] 그러나 '작은 정부'라는 자유주의의 부활에 따라 민영화는 계속 추진된다.

민영화할 수 없는 부문에 대한 구조 조정은 조직 및 노동력 축소가 핵심적이다. 민영화 과정에서도 물론 많은 노동자들이 실직하거나 비정규직화되었지만 여기서는 정부가 맡아 유지하고 있는 부문에 대해 집중적으로 살펴보기로 하자.

기업적인 효율성 경영을 표방하지만 이윤이 목적이 아닌 공공 기관의 효율성은 어떻게 측정하는가? 물론 이런저런 성과 지표들을 만들어낼 수는 있다. 그러나 기업의 이윤처럼 명확하지는 않다. 가장 가시적인 것은 비용을 줄이는 것이고, 특히 노동력을 줄이는 것이다. 이것은 작은 정부라는 신자유주의의 구호와도 정확히 일치한다.

따라서 1998년 공공 부문 구조 조정을 다급히 시작하면서, 기획예산처와 행정자치부는 각 공공 기관마다 인원 감축을 할당했다. 당시 정부가 내놓은 계획은 2001년 말까지 정부 부처, 지자체, 공기업 및 정부 출연 기관 등 공공 부문에서 약 14만 명을 감축한다는 것이었는데, 이는 1997년 말 인원의 20%에 해당했다. 그리고 기획예산처의 〈공공 개혁 백서〉에 따르면 이 계획은 성공적으로 수행되었다. 즉 공공 부문의 노동자 중에서 14만 명이 일자리를 잃은 것이다.

자, 우리 기관, 우리 부서에 '무조건' 몇 명을 감원하라는 할당량이 내려왔다고 치자. 같이 옆자리에서 일하고 한솥밥을 먹었던 동료 중 누구를 내보낼 것인가? 이런 난감한 상황에서 해고할 사람을 가리기 위한 시험을 치르는 경우마저 있었다. 이런 상황에서 가장 쉬운 방법은 주로 하위직급 노동자를 집중적으로 해고하는 것이다. 공무원이라면 일반직보다는 기능직과 고용직 공무원, 정부 출연 연구 기관이라면 연구원보다는 사무직원이 해고를 당한다.

그러나 이렇게 무작정 인원을 감축한다고 해서 그 일 자체가 필요 없는 것은 아니다. 그 일을 이른바 민간 위탁이라는 명목으로 용역 업체에 넘기거나, 정식 공무원이나 직원이 아닌 일용직으로 전환한다. 즉 비정규직화한 것이다. 전자의 경우는 간접 고용 비정규직이고 후자는 기간제 비정규직이 된다. 노동자 입장에서 보면 같은 직장에서 같은 일을 하는데 하루아침에 안정적인 공무원에서 비정규직 노동자로 신분이 바뀐 셈이다.

우리가 인사라든지 모든 조직이 움직일 때에는 정원에 의해 움직이니까, 그 문제 때문에. 교환원 필요 없다 했는데 나중에 그게 아니어서 재채용하고 한 거죠…그런데 조기퇴직도 본인이 사표 쓴 거지만 직권면직과 똑같다…저희도 그건 동감하는데.
—K청 관계자(구조 조정 당시 공무원 신분이었던
전화 교환원들을 해고했다가 일용직으로 재고용)[35]

기획예산처를 정점으로 하여 위에서부터 노동력 정원과 예산이 할당되어 내려오기 때문에, 현장에서는 실제로 필요한 인력을 정규직으로 고용할 수 없다.

솔직히 말씀드리면, 비정규직이 늘어나, 계약직이 늘어나는 거, 효율성 제고를 정부에선 목표로 한지 모르지만, 우리는 효율성 때문에 비정규직을 쓴 거는 아니에요. 여러 이유들 때문에 어쩔 수 없이 쓴 거지, 저희 스스로 쓴 거는 아니에요.
—A기관 인사 담당자[36]

Q: 교환원 같은 경우는 정규직 한 분, 계약직 한 분이시죠?
A: 그렇죠. 그것은 비교가 되겠네요.

...

Q: 교환원 티오가 한 명 나와 있다는 것인가요?

A: 네. 근데 한 명 있으면 화장실도 못 가잖아요.

Q: 그러면 교환원 같은 업무는 정규 업무인데 티오 문제로 비정규직을 사용하고 있다는 것이네요. 만약 티오가 늘어나면 정규직으로 전환되는 건가요?

A: 당연히 그렇죠.

─ W시 산하 기관 인사 담당자[35] (중략은 인용자)

기획예산처는 계획된 구조 조정이 이루어진 후에도 경영 평가를 통해서 예산을 배정함으로써 산하 기관을 통제하고 있다. 여기서 좋은 평가를 받지 못하면 예산이 깎이기 때문에 실제 공공 부문의 기관들은 직접 할당이 아니더라도 정규직 채용이나 비정규직의 노동 조건 개선을 생각하기가 어렵다. 실제로 E공사는 비정규직을 정규직화했다가 기획예산처 평가에서 매우 낮은 평가를 받은 적이 있다.

우리가 등수를 잘해서 5% 인상할 수 있다, 정규직 직원도 오르긴 올라야 할 거 아니에요? 그런데 우리가 만약에 기획예산처에서… 우리가 그걸 무시하고 비정규직을 정규직화하겠다고 해서 점수가 마이너스 깎인다고 생각해보죠. 평가를 받아보시면 알겠지만 점수가 거의 비슷해요. 그거 하나 받아들이는 게 큰 점수는 아니에요. 그렇지만 등수는 확확 왔다 갔다 하는 거예요. 그러면 그걸 받아들일 수가 없죠. 그 부분에 대해서 감수하고, 다들 성인군자다, 같이 가는 사회니까 이런 식으로 우리가 깎이는 걸 감수하고서라도 이 사람들 받아들여야 한다, 하고 받아들이고 가면…그해만 해당되면 상관없겠지만, 그다음 해도 그다음 해도 지속적으로 일어나는 일이 있죠.

─P기관 인사 담당자[36]

[간접 고용 용역 노동자의 저임금에 대해] 우리는 서울시가 정한 예산 내에서 처리할 수밖에 없는 처지이고, 그 위로 올라가면 기획예산처, 감사원, 행정자치부의 예산운영지침이 있다…몇 년 전에 지하철공사보다 임금을 높게 준다는 이유로 감사원의 감사에 걸려 관련 직원이 징계를 받은 적이 있다. 최저 임금 기준이 아니라 정부 노임 단가에 명시된 보통 인부 기준으로 인건비를 책정하다가 터진 일이다.

─도시철도공사 관계자[37]

정부는 비정규직 확산이 사회적으로 큰 문제이니 해결책을 찾겠다고 큰소리치면서도, 자기 통제하에 있는 노동자에 대해서는 정규직화의 통로를 막으면서 비정규직을 양산하고 있다. 다른 곳은 차치하고라도 노동권을 담당하는 노동부의 경우를 보자. 외환위기 이후 노동부는 업무가 급증했는데, 수많은 노동자들이 실직하면서 장단기적인 실업 및 고용 대책을 마련하고 집행해야 했기 때문이다. 그리하여 고용안정센터가 만들어지고 직업 상담원을 대거 채용했다. 그런데 직업 상담원은 1년 계약직으로 고용된다. 스스로 불안정한 고용 상태에 있는 노동자가 고용안정센터라는 기관에서 고용 상담을 하는 것이다. 어디 그뿐이랴.

노동부 산하 기관으로 노동자들의 복지·고용·안전 등의 주무 기관인 산업인력공단·근로복지공단·산업안전공단에서 정규직화 및 차별 시정을 요구하는 비정규직 노동자들의 파업과 집회가 잇따르고 있다. 한국산업인력공단 비정규직노조, 근로복지공단 비정규직노조, 산업안전공단 비정규직노조 등은 4일 "상시 업무에 종사하는 비정규직 노동자를 정규직으로 전환하고, 노동부가 산하기관 내 비정규직 현안 해결에 적극 나설 것"을 촉구했다….

현재 산업인력공단 비정규직노조는 상시 업무를 하는 비정규직 노동자들의 정규직화를 요구하며 12일째 총파업을 벌이고 있다. 노조 쪽은 △공단 산하 직업전문학교의 계약직 교사들은 1년에 3번씩 근로 계약서를 작성하며 계속 근로를 하고 있으며 △계약직 교사의 45%가 3년 이상 근속자에 해당할 정도로 상시적으로 활용되는 등 고용 불안에 시달리고 있다고 주장했다. 노조는 또 공단이, 이런 문제점이 지난해 국회 국정감사에서 지적된 뒤 정규직화를 약속했으나, 지금까지 비정규직 473명 중 단 11명만 정규직으로 전환됐다고 밝혔다.

근로복지공단 비정규직노조도 "비정규직 가운데 정규직으로 채용할 인원이 극소수에 불과한데도, 최근 공단 쪽이 기존 비정규직 노동자들에게 정규직 채용 시험 응시를 조건으로 사직서를 강요하고 있다"며 "이런 방식을 통해 연말 계약 기간이 끝나는 계약직 130여 명을 해고하려 한다"고 밝혔다. 노조 쪽은 비정규직 가운데 3년 이상 장기 근무를 하고 있는 비율이 61%에 이르고, 동종 유사 업무를 수행하는 정규직과 비정규직의 임금 격차가 2배에 이른다며 고용 안정과 차별 시정을 요구하고 있다.[38] (중략은 인용자)

인용한 기사대로 "노동자들의 복지·고용·안전 등의 주무 기관"의 상태가 바로 이렇다. 비정규직 문제를 해결하겠다는 정부, 노동자의 권리를 책임지는 노동부가 이렇게 비정규직을 양산하는데, 사기업들이야 말할 것도 없다. 이와 같이 고용주의 입장에서는 비정규직을 사용하는 것이 이익이며, 그들은 다양한 구조 조정의 경로에서 비정규직을 양산할 기회를 놓치지 않는다.

제 3 장

비정규직
노동자는
어떻게
살아가는가

1. 비정규직 노동자의 삶

기업의 입장에서는 비정규직을 사용하는 것이 확실히 이익이라는 점을 확인했다. 비정규직을 사용할 때 해고가 용이해져 유연성을 확보할 수 있고, 비용을 절감할 수 있으며, 노동자를 분열시킬 수 있다. 그러나 반대로 노동자 입장에서 이것은 무엇을 의미하는가? 기업의 이점은 노동자의 삶에서 고용의 불안정, 저임금화, 차별로 표현된다. 그렇다면 노동자는 이를 어떻게 느끼는지 이제 그들의 목소리를 직접 들어보자.

(1) 미래의 박탈—고용의 불안정

오래전 유행했던 3, 6, 9 게임을 기억하시는가? 3, 6, 9! 3, 6, 9!

그러나 이건 게임 애기가 아니다. 기독교계 '사회 환원' 기업으로 유명한 이랜드가 시행하고 있는 비정규직 제도의 이름이다.

이랜드 노조는 2000년부터 2001년에 걸친 265일 동안 파업투쟁의 결과, '만 3년이 경과된 비정규직 사원은 정규직으로 채용한다'는 규정을 만들었다. 그러자 이랜드는 2001년부터 3개월 단위 계약을 맺는 비정규직을 고용, 두 차례 계약 기간을 갱신, 총 9개월을 사용한 후 계약 해지하는 식의 고용을 통해 지속적으로 비정규직을 양산해왔다.

2003년 기준으로 전체 직원 1,000여 명 가운데 50% 이상이 3, 6, 9

비정규직으로 추정되고 있다. 노조는 "비정규직이 입사할 때 근로계약서에 '근로 기간은 최대 9개월을 넘지 않는다'고 명시돼 있어 9개월 이후에는 계속 근무하고 싶어도 해고될 수밖에 없는 처지"라고 설명했다.[39]

비정규직의 가장 기본적인 성격은 고용이 불안정하다는 것이다. 임금으로 생활을 꾸려나가는 임금 노동자에게 실직이란 가장 큰 두려움일 수밖에 없다.

> 다음 학기, 내년, 계속 이 학교에서 근무할 수 있을까, 다른 데 알아봐야 되는데, 혹시 자리를 못 잡아서 한 학기 공치는 거 아닌가, 이런 생각 하면 밤에 잠도 안 와요…전 이걸로 생활비 버는 거거든요. 그렇잖아도 방학 땐 월급도 안 나오는데. 주는 학교도 있지만. 한 학기 놀면 통장 깎아먹고 살아야 한단 건데, 걱정되죠.
>
> ─ 기간제 교사

기간제 고용 비정규직에게 실직의 공포는 계약 기간이 끝날 때마다 주기적으로 찾아온다. 간접 고용도 마찬가지인데, 기업끼리 맺은 계약인 파견이나 용역 계약 기간이 끝나면 노동자 역시 실직의 두려움에 시달리게 된다. 원칙적으로는 소속 업체가 일자리를 책임져야 하나, 실제로는 대부분 노동자가 기업끼리의 파견·용역 계약 기간 동안만 고용되는 임시 계약직에 머물러 있거나, 소속된 업체가 영세하여 기업 간 계약이 파기되면 사라지는 유령 같은 존재이기 때문이다. 이는 노동자를 사용하는 기업이 자신의 필요에 의해 노동자를 채용하면서 여러 이점들을 활용하기 위해 파견·용역 업체를 중간에 끼우는 방식으로 간접 고용을 하기 때문에 발생하는 일이다. 마지막으로 특수 고용은? 물론 똑같다. 계약 기간이 정해져 있거나, 형식적으로 고용 계약이 아니라 사업주끼리의 계약이기 때문에 더 쉽게 일방 해지할 수 있다. 그리고 노동자 입장에서 계약 해지란 곧 실직이다.

더 황당한 것은 첫머리의 기사와 같은 상황이다. 노동조합의 압력에 밀려 몇 년 이상 근무한 노동자를 정규직으로 전환하는 단체 협약을 맺거나 장기 고용 비정규직 노동자는 정규직으로 인정해야 한다는 판례나 법이 나오자, 계약 기간을 더욱 짧게 해 오래 고용하지 않는 추세를 보이고 있다. 비정규직 노동자를 정규직화하기 위한 조항이 고용 불안정을 더욱 강화하는 역설적인 상황을 이끌어낸 것이다.

> 그 왜, 3년 이상 근무하면 직접 고용해야 한다는 파견법 있잖습니까? 그 파견법이 생긴 후로, 3년이면 끝나요. 3년마다 한 번씩 물갈이…보호법이라는데 실은 더 안 좋아진 거죠.
> —간접 고용 파견 운전직

아마도 이렇게 쉽게 일자리를 잃는 노동자 중 다수는 곧 다시 다른 일자리를 찾을 것이다. 물론 그렇지 못해 장기 실업자가 될 수도 있다. 그 결과는 우리가 매일 보는 신문 뉴스들이 말해준다. 빚, 범죄, 노숙, 우울증, 자살…. 이런 처지에 빠지지 않기 위해서 노동자는 아무리 불안한 비정규직이라도 한다. 어떻게든 고용되지 않으면 삶이 구렁텅이로 떨어지고 말기 때문이다.

그러나 설사 이렇게 취업과 실업을 반복하고 비정규직을 전전하면서 당장 생계를 꾸려갈 수 있다 할지라도 고용 불안정이라는 비정규직의 근본적인 특성은 노동자의 삶을 피폐하게 만든다. 미래 생활을 설계하기가 어렵다. 결혼하고 적금 들고 아이 낳고 집 장만하는 것은 많은 사람들이 갖고 있는 생활의 꿈이다. 꿈이랄 것도 없는 소박한 것이지만, 우리는 그렇게 미래를 계획하면서 삶의 재미를 느낀다. 하지만 비정규직 노동자에게는 정말 말 그대로 '꿈'일 수 있다. 당장 몇 달 후에 실직할지 모르는, 그리고 다시 일자리를 잡을 수 있는지 불확실한 상황에서, 어떤 미래를 계획할 수 있겠는가. 비정규직은 노동자의 미래를 빼앗는다.

보험이나 아파트 분양이나 이런 거 많이 망설여지죠. 어떻게 될지 모르잖아요. 지금 나이가 그런 거 생각할 때가 됐는데, 정규직 된 다음에 생각하자고 미뤄놓고 있어요. (정규직이 될 거라고 믿느냐는 질문에) 보장은 없죠.

—기간제 계약직 연구원

어디 경제적 문제뿐이랴. 내가 하는 일을 사랑하고 내가 몸담고 있는 곳에 정 붙이는 것이 인간의 마음이자 행복이지만, 비정규직 노동자는 그러한 인간다운 행복조차 박탈당한다.

상담도 하고 정 붙이는 아이들이 있거든요. 그래도 내가 학교에 계속 있는 것도 아니고 옮겨 가면 끝이니까⋯졸업할 때까지라도 계속 옆에서 볼 수 있으면 더 좋게 이끌어줄 수 있을 거 같은데, 마음이 아프죠.

— 기간제 계약직 교사

송별회 자리에서 막 울었어요. 정규직 선생님들도 같이 울고. 원래 계약할 때 11개월씩 두 번까지만 재계약하는 걸로 알고 들어왔어요. 그렇지만 혹시나 하는 마음이⋯지난번 직장에서도 그랬는데, 제가 사람들한테 정을 많이 주는 편이라서⋯.

— 기간제 계약직 임상병리사

(2) 현재의 고통—저임금과 열악한 노동 조건

〈그림 4〉에서 보듯 정규직과 비정규직의 임금 격차는 점점 심해지고 있다. 또한 2005년 경제활동인구 부가조사에 대한 노동사회연구소 김유선 소장의 분석 결과를 보면, 임금 노동자 중위 임금(전체 임금 노동자 임금의 중간값)의 3분의 2 미만을 저임금 노동자 계층이라고 분류했을 때, 정규직 중 저임금 노동자는 15명 중 1명꼴인데 비해 비정규직 노동자는 4명 중 1명이 저임금 노동자층에 속한다. 또 법정 최저 임금 미만자의 95%가 비정규직이다. 또한 같은 조사에 따르면, 직장의 사회 보험(국민 연금·건강 보험·고용 보험) 가입률은 정규직은 82~98%인데, 비정규직은 31~33%밖에 안 된다. 정규직은 퇴직금, 상여금, 시간외 수당, 유급 휴가를 각각 81~98% 정

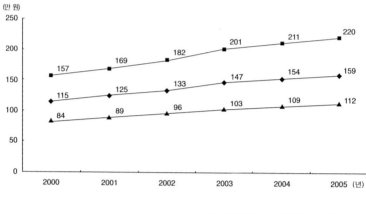

〈그림 4〉 정규직과 비정규직의 임금 격차 추이[40]

(만 원)

250

220
211
201
182
169
157

159
154
147
133
125
115

112
109
103
96
89
84

200

150

100

50

0

2000   2001   2002   2003   2004   2005 (년)

◆ 전체평균 ■ 정규직 ▲ 비정규직

도가 적용받지만, 비정규직은 15~20%만 적용받고 있다. 즉 비정규직 노동자는 저임금을 받고 여러 기업 복지에서도 배제당하고 있는 것이다.

그 이유는 몇 가지로 추측할 수 있다. 일차적으로는 원래 저임금을 받았던 일자리에서는 내부 노동 시장이 형성된 적이 없기 때문이거나, 구조 조정 과정에서 저임금 직종이 가장 먼저 비정규직화되었기 때문에, 저임금 노동자층에서 비정규직이 많이 나타난다고 볼 수 있다. 공공 부문 구조 조정 과정에서 공무원 중 임금이 적었던 하위직 기능직과 고용직을 비정규직화한 것이나, 기업이 청소나 식당 일 같은 주변적 업무를 먼저 비정규직화한 것을 생각하면 이해하기 쉬울 것이다.

그러나 저임금 계층이 아니며 정규직과 동일한 업무를 하는 경우에도 비정규직 노동자는 정규직보다 임금을 적게 받는다.

(정규직과) 차이가 뭐냐 하면, 월급이요.

— 기간제 계약직 공단 직원

사실 비정규직이라는 기제 자체가 임금을 적게 줄 수 있는 구조를 갖고 있다. 기간제 고용의 경우, 승진이나 근속 연수에 따른 호봉을 기대할 수 없는 것도 저임금의 한 이유이고, 아예 정규직과 임금 체계가 다른 것도 저임금의 원인이 된다.

11개월 정도 일하고 1개월 쉬고, 다시 11개월 일하고, 그런 식이었 어요. 아마 퇴직금을 안 주려는 것 때문에 그런 것 같아요.

— 기간제 은행원[41]

(정규직에 비해) 기본급도 그렇고 시간 외 수당도 다르게 책정되어 있죠. 그래서 (일은 같지만) 월급은 절반가량이에요.

— 기간제 상시 위탁 우체국 집배원

간접 고용의 경우 실제로 일을 시키는 기업은 파견이나 용역 또는 협력 업체에 경쟁을 시킴으로써 임금을 적게 할당할 수 있으며, 중간 업체가 가져가는 몫도 있다. 결국 실제로 노동자를 사용하는 고용주와 노동자 사이에 중간 업체라는 유령이 들어서 노동자에게 돌아갈 몫의 일부분을 흡수하고 노동자에게는 더 적은 양을 뱉어낸다.

한 사례로 서울대학교는 시설 관리 노동자를 정규직으로 고용했다가 1996년부터는 용역을 주면서 간접 고용으로 전환했다. 시설 관리 노동자들은 대학 당국이 매년 용역 업체를 새로 선정할 때마다 형식상 새로 그 업체에 고용되는 방식을 취했다. 즉 일을 하는 곳은 변함이 없는데 소속만 변경될 뿐이며, 그러는 사이 임금은 더 떨어졌다(〈표 6〉 참조). 서울대학교 당국이 최저 입찰 방식을 고수했기 때문인데, 예를 들어 2000년 용역업체로 선정된 (주)대호안전관리공사는 대학당국이 원래 책정했던 28억 8,000만 원의 예산에 훨씬 못 미치는 23억 1,000만 원에 용역 계약을 따냈고, 그런 만큼 노동자에게는 더 낮은 임금을 주었다. 2000년에 노동조합을 만들었기 때문에 조금 나아졌지만, 노동자들이 이렇게 적극 나서지 않았다면 임금은 계속 떨어졌을 것이다.

일한 만큼 번다는 특수 고용의 상태는 어떠한가. 일한 만큼

〈표 6〉 서울대학교 시설 관리 노동자의 임금 변화[42]

연도/ 용역 회사 ＼ 직종	방호원	미화원(남)	미화원(여)	비고
1966/씨티	-	55만 원	47만 원	퇴직금 별도 보너스 200%
1997/대동	65만 원	52만 원	45만 원	퇴직금, 보너스 조항 삭제
1998/태진	60만 원	50만 원	42만 원	
1999/태진	60만 원	50만 원	42만 원	
2000/대호	53만 원	45만 원	40만 원	

받는 것은 사실이다. 그러나 노동자끼리 경쟁해야 하는 특수 고용 노동자는 이 경쟁 때문에 임금이 하락하며, 책임과 위험 부담을 벗어던진 기업은 이러한 경쟁을 부추긴다.

정규직이었다가 구조 조정 때 회사 권유로 차량을 불하받아서 지입 차주가 되었습니다. 처음엔 괜찮았어요. 많이 뛸수록 돈을 버니까, 잠 안 자가며 뛰었죠. 몸은 고생해도…그런데 그때가 아이엠에프 때잖아요. 실직한 사람들이 빚 내서 차 사가지고 들어오고 경기도 안 좋아지고…(정규직일 때에 비해서) 더 안 좋아졌죠. 기름값에 통행료 내고 뭐 이런 거 다 떼면 남는 게 없어요.

—특수 고용 화물 운송기사

업적이 부진하면 자발적 해촉[계약 해지]이 되지요. 아니면 협박을 당하지요. 업적이 저조한 모집인의 경우 대부분 스트레스가 굉장하죠. 그리고 업적에 따라 급여가 달라지기 때문에 항상 심리적으로 불안하고 실제 생활이 불안정합니다.

—특수 고용 보험 모집인[43]

더 많은 일을 하고 더 많은 실적을 올릴수록 더 많은 임금을 받는, 그러나 반대로 일거리를 맡지 못할수록 최소한의 보장도 없이 무한정 임금이 떨어지는 것이 바로 특수 고용이다. 일한 만큼, 능력만큼 벌 수 있다는 점에 현혹되어 노동자들이 그 직종에 많이 들어올수록 노동자끼리의 경쟁이 치열해지므로 많은 일거리를 맡거나 실적을 올릴 가능성은 더 적어진다. 그

와중에도 많은 소득을 올릴 수 있는 노동자는 있을 것이다. 연봉으로 몇 억 원을 받는 보험 모집인의 기사가 신문에 나는 것처럼 말이다. 그러나 대부분의 노동자는 그러기가 어렵다. 노동 및 실적의 양과 소득이 비례하므로 노동자는 심신을 피폐하게 할 정도로 무리를 해서 일을 하는 경향이 나타나기 쉽다. 결국 특수 고용 노동자는 저임금이나 장시간 노동의 길을 밟게 된다.

(3) 차별과 서러움

비정규직 노동자를 서럽게 만드는 것은 경제적 어려움만은 아니다. 정규직과의 상대적인 차별도 이들의 가슴을 멍들게 한다. 고용 안정성이나 임금의 차이를 제외하더라도, 실제로 일하고 생활하면서 알게 모르게 느끼는 차별. 차라리 정규직 노동자들과 업무도 전혀 다르고 일하는 공간도 분리되어 있다면 마음은 더 편할 것이다. 대개 노동자들에게 직장이란 가장 많은 시간을 보내는 삶의 공간인데, 거기서 차별받고 무시당하는 심정은 불쾌하고 씁쓸할 수밖에 없다.

> 저희는 연수원도 못 쓴대요. 정규 직원에 한해서 쓸 수가 있대요.
> —기간제 계약직 은행원[44]

> 뭐 하다못해 추석 선물이 있었는데 회사에서 하다못해 비누 세트라도 하나 나오는데 계약직들은 안 나오는 거예요. 그게 뭐 돈 만 원밖에 더 합니까? 계약직은 안 나오고 정규직만 나오니까 더러운 거

예요. 기분도 참 꿀꿀하더라고요. 나도 이 회사에서 정규직이랑 똑같이 일하는데 정규직이랑 뭐 다를 게 없는데, 기분 문제잖아요, 돈만 원 하는 거.

— 기간제 계약직 공사 직원[45]

우리가 집단적으로 항의한 후로 바뀌었는데…전에는 통근 버스도 못 타게 하고 점심시간도 직영(정규직)이랑 달라서 직영들 먹고 난 다음에 식당에 가야 했어요.

— 간접 고용 사내 하청 제조업 생산직

사실 기업에서는 어느 정도 의도적으로 이러한 차별들을 만들어내기도 한다. 비정규직 비중이 높아지면서 정규직과 비정규직 노동자들이 단결하는 것은 상당한 파급력을 가져올 수 있기 때문이다. 월급 날짜, 통근 버스, 휴식 시간 이런 소소한 것에서부터 차별하면서 정규직과 비정규직은 '다르다'라는 인식을 심어주고, 그럼으로써 임금 차별을 정당화하는 한편 정규직과 비정규직 노동자를 분열시키는 효과를 거둔다.

이러한 차별 기제는 노동자의 생활과 마음속에 투영되어 실제로 노동자 사이에서 심리적 거리감과 위계 의식을 형성한다.

들은 얘긴데…도난이 발생했어요. 나중에 사실이 아닌 것으로 밝혀졌는데…계약직을 의심하더라고요. 무의식적으로 그런 게 있어요. 그래서 심적으로 고통이 심했었나 봐요.

— 기간제 계약직 은행 텔러[46]

(정규직 노동자가) 머슴 부리듯 합니다. 더러운 꼴 많이 봐요. 사람에 따라서 다르긴 하지만, 분위기가 그래요. 직영, 하청, 완전 신분이에요, 신분.

— 간접 고용·사내 하청 제조업 생산직

이러한 위계는 심지어 비정규직 사이에서도 발생한다.

우리 일하는 데는 정규직은 없어서 정규직과의 차별은 모르겠는데…비정규직이라도 자체 계약직이 있고, 우리는 용역 회사에서 파견된 거고. 그 차이도 확실히 나요. 월급도 그렇고 애사심도 그렇고. 근데 자체 계약직들이 용역 직원들을 대할 때 가끔씩 기분이 안 좋을 때가 있어요. 우리 팀이 제일 열심히 한다고 자부하지만, 사실 우리는 인터넷 뱅킹 담당이고 예금 업무는 곁핥기식으로 배우는데, 가끔 예금 상담이 들어올 때가 있거든요. 그때 잘 몰라서 담당부서로 연결하면, 그런 것도 모르냐고 핀잔 주면 기분 나쁘죠. 퇴사할 때도 계약직 직원은 슈퍼바이저뿐만 아니라 대리님과 오랫동안 상담하는데, 우리는 말 한마디로 퇴직 처리되고. 일하는 것에 비해 소홀하게 취급되는 것 같아 불쾌할 때도 있어요.

— 간접 고용·용역 은행 콜센터

결국 비정규직 노동자는 자신의 직업에 자부심을 갖지도 못한다.

은행 다닌다 그러면 '어 좋겠다' 그러잖아요. 근데 나는 막상 계약직이고, 그런 말 들으면 별로 '아닌데' 그런 반감만 들지, '아, 좋다' 그런 생각은…그런 프라이드 없잖아요.

— 기간제 계약직 은행원[47]

그러니까 보통 결혼하려고 중매를 하면 직업으로 내세울 게 없는 거죠…올해도 교육을 갔는데 그런 말씀을 많이 하시더라고요. 중매 자리를 해달라고 하는데 직업이 뭐냐 묻는데 말문이 막혔다고…대부분 결혼한 남자 분들의 경우 아직도 처가에서 공무원인 줄 안다고 얘기를 하시더라고요.

— 기간제 계약직 직업 상담원[48]

어디 다닌다 애기하면 대기업이니까…근데 거기서 하청으로 일 한단 말하긴 그렇고…보통 얼버무립니다.

— 간접 고용 사내 하청 생산직

제가 철이 없어서 그런지 처음에는 나는 C은행 직원이다 그렇게 생각해보려고도 하고, 의료보험 카드 같은 데 용역 회사 이름 찍혀 있는 것 보면 막 속상하고 그랬어요.

— 간접 고용 용역 은행 콜센터

정규직과 비정규직의 차이는 동료들끼리 직장 일에 참여하고 인간관계를 맺는 데 문제를 발생시키기도 한다.

저희는 직원들과의 관계도 신경 쓰고 싶고 회사 일에 적극적으로 동참할 의사도 있고…한계에 부딪치는 적이 많거든요. 같이 해야지 했는데 자기들끼리 알아서 하고 있을 때 내가 참 괜히 나섰구나 그런 생각이 들더라고요.

— 기간제 계약직 직업 상담원[49]

회식할 때 좀 묘해요. 정교사들은 서로 친한 집단들이 있거든요. 윗사람에게 잘 보이려는 사람들도 있고…저는 좀 애매하죠. 그래서 그냥 일찍 빠지는 편이에요.

— 기간제 교사

그러니 어느 노동자의 표현대로 '보이지 않는 유령' 행세를 해야 하는 것이 비정규직 노동자의 생활이기도 하다. 그러나 유령도 서러움을 느끼고 울분을 느낀다.

똑같은 일을 하면서 돈은 적게 받고 복리나 혜택도 없고…심지어 같은 일을 하면서도 업무 회의는 자기들끼리 하고, 성과도 자기네들 끼리 나눠 갖고…많은 회사에서 일을 해봤는데, 에휴, 어떤 때는 같은 공간에 있으면서도 내가 '보이지 않는 유령'처럼 느껴질 때가 있어요. 체육 대회나 회사 행사, 명절이나 상여금을 줄 때도 마찬가지고…제가 일을 그만두면서 일 잘하는 후배를 정직원으로 채용하는 게 어떠냐고 추천한 적이 있는데…정말 황당해서…'우리 회사를 어떻게 보는 거냐, 우린 비정규직을 정규직으로 채용한 적이 없다'면서 화를 내더군요.

— 간접 고용 파견 프로그래머[50]

2. 비정규직화의 결과

노동자에게 비정규직화는 어떤 결과를 낳는가? 우선 노동자의 삶이 불안정해질 것임은 불 보듯 뻔하다. 해고의 두려움과 저임금에 시달리고 차별에 서러운 비정규직 노동자가 안정적이고 행복한 생활을 영위하기란 어려울 것이다. 그러나 불안정성은 단지 비정규직 노동자에게만 해당되는 것이 아니다. 기업의 전략이 유연화로 바뀌고 구조 조정을 시시때때로 실시하는 이상 비정규직은 더욱더 만연할 것이고 정규직 노동자의 비정규직화도 진행될 것이다. 정규직은 비정규직의 바다에 점점이 떠 있는 섬과 같다. 거센 파도는 섬의 연약한 토양을 침식한다. 비정규직에 둘러싸인 정규직 노동자의 삶이 안정적이라고 말할 수는 없다.

비정규직화의 또 다른 결과는 노동권을 파괴하고 해체하는 것이다. 노동권은 자본주의 역사에서 임금 노동자의 오랜 투쟁으로 형성된 것이지만, 현재 노동권의 형태는 내부 노동 시장의 정규직 노동자에 적합하도록 되어 있다. 물론 예전에는 임금 노동자의 고용에 있어서 정규직 고용이 정상적인 것이고 비정규직은 보조적인 것으로 생각되었지만, 지금은 그렇지 않다. 오히려 비정규직 고용이 더 일반적이다. 정규직 고용을 염두에 두고 만들어진 형식은 이러한 상황의 변화를 반영하지 못하고 있다. 여기서는 이 두 가지 측면을 살펴보기로 한다.

(1) 기업의 유연화=노동자의 불안정화

2004년 12월 26일 밤, 눈부신 트리들이 거리에서 흥겹게 반짝이고 있을 때, 흥청흥청한 세밑의 밤을 옆에 두고 차갑고 적막한 건물의 사무실에서 50세의 비정규직 노동자 김춘봉 씨가 목을 맸다. 다음은 그의 유서다.

24년간 이 회사를 위하여 몸과 청춘을 바쳤지만 아무런 성과도 없이 이렇게 밖으로 쫓겨나게 되었다.

그 당시 마산 및 울산 공장에서는 많은 동료들이 명퇴를 하였다. 타의든 자의든 생활권이 멀리 떨어져 불안한 마음으로 명퇴를 하고, 또 나이가 많다고 명퇴시키고 근무지가 편안하다고 명퇴를 시켰다.

나 역시 그중 한 사람이다. 2002년과 2003년 두 차례 시달리며 명퇴 권고를 받았다. 명퇴를 하고 돈이 좀 적더라도 마산 공장 운영할 때까지 촉탁 근무를 해주겠다고 하면서 나에게 권하였다.

나 역시 많은 생각 끝에 촉탁 근무를 하기로 하고 명퇴를 하였다. 그 후 2003년 5월 1일 근로 계약서를 작성하면서 마산 공장 운영 시까지 촉탁을 연장시켜 준다는 문구가 없어서 아니 된다고 하니 관리부장, 노무차장이 회사 규정상 그러한 문구를 삽입할 수 없으니 이해해달라면서 두 사람이 책임지겠다고 하면서 서명을 권하기에 믿고 도장을 찍었다. 그런데 지금 와서 나가라고 하니 정말로 미치겠다.

현재 근무하고 있는 관리자들도 마찬가지다. 나에게 말 한마디 없이 올 6월부터 관리팀에서는 외주(ㅇㅇ기업)를 주기로 구두 계약을 하며 ㅇㅇ에서 고압가스 교육을 가도록 하였다.

나는 그런 것도 모르고 11월 23일 면담을 해보니 모든 게 끝난 상태였다. 회사는 자기 편한 대로 이렇게 할 수 있냐? 한 사람 가정이 파탄하는 줄 모르고….

그 후 공장장 등 많은 면담을 해보았지만 안 되었다. 절대 못 나간다, 차라리 여기서 죽겠다고 수차 이야기를 하여도 도와주지도 보지도 않았다. 힘없고 돈 없는 사람은 모두 이렇게 되어도 되는지 정말 회사는 너무하다.

현재 마산에서는 촉탁 근무자가 나 외에 6명이 더 있다. 이들 역시 나처럼 나가라고 하겠지. 그 사람들도 나와 똑같은 이유로 명퇴 촉탁을 하였다. 부탁도 하고 애원도 해보았지만, 모두 허사. 계약 만료일만 되면 쫓아내겠지. 다시는 이러한 비정규직이 없어야 한다. 나 한 사람 죽음으로써 다른 사람이 잘 되면…비정규직이란 게 정말로 무섭다.

벌써 혼자서 집에 가지 않고 사무실에서 잠을 자며 생활한 지도 21일째다. 아무도 신경을 써주지 않는구나. 나도 지쳐간다. 꼭 이렇게 하여야만 회사는 정신을 차리는지….

지금 밖에서는 비정규직 철폐를 외치고 있다. 꼭 그 사항이 이뤄지길 간곡히 원하고 싶다. 그렇게 하여야만 나 같은 사람도 인간 대접 받을 수 있지…H중공업에서도 비정규직이 죽었다는 것을 알면 현재 근무하고 있는 비정규직은 좋은 대우를 해주겠지.

나의 이러한 고충을 잘 알고 있으리라 믿으며 꼭 이 문제를 풀어주길 바랍니다.[51]

꽤 길지만 거의 전문을 인용한 것은 이 유서의 사연이 기업의 구조 조정이 진행되는 과정에서 노동자의 삶이 어떻게 변화하는지를 잘 보여주고 있기 때문이다.

김춘봉 씨는 1980년 20대 중반에 입사해서 20여 년 동안 한 직장에서 근무했다. 중공업이 한국의 경제를 이끌었던 1980~1990년대를 보내면서 H중공업에서의 일이라면 속속들이 모를 것 없었을 그가, 몸 바친 직장에서 정년 때까지 일할 수 있을 거라고 예상한 것이 무리한 생각은 아닐 것이다.

그러나 그의 예상과는 달리 구조 조정의 시대가 닥쳤다. 칼은 그를 비껴가지 않았고, 그는 명예퇴직을 강요받았다. 명예퇴직은 자발적으로 퇴직하는 것이지만, 잘 알다시피 대개 해고의 수단으로 쓰인다. 정리 해고의 절차가 복잡하기 때문에 명예퇴직이라는 형식을 취하는 것인데, 그것을 받아들이지 않으면 전혀 연고가 없는 먼 지역이나 엉뚱한 부서로 발령 내는 등 압박을 가하기도 한다. '어느 날 갑자기 책상이 사무실 뒤편으로 밀려나 있으면 명예퇴직 하라는 신호'라는 쓴웃음 섞인 말들이 회자되기도 했다. 어쨌든 매일매일 직장에서 일해야 하는 노동자로서는 이러한 압박을 견디기가 쉽지 않으며, 대개 하라는 대로 명예퇴직을 할 수밖에 없다. 김춘봉 씨도 그러했다. 그나마 그는 다행이라고나 할까. 대신 촉탁이라는 명칭으로 불리는 임시 계약직으로 일하게 되었다. 이는 노동자 입장에서는 하루아침에 정규직에서 임시직으로 떨어진 것이다.

그러나 그것뿐이 아니었다. 기업의 구조 조정은 끊임없이 지속된다. 이제 그가 맡아보던 업무를 외주, 즉 하청을 주기로 결정한다. 일하던 노동자는 해고되든지 간접 고용으로 다시 한 단계 더 떨어질 수밖에 없다. 불행하게도 김춘봉 씨는 이번에는 남지 못했다. 회사의 약속만 믿고 있었던 그로서는 전혀 모르는 사이에 "모든 게 끝난 상태"가 되어버렸다. 이 일은 그의 말대로 노동자에게는 "한 사람 가정이 파탄"하는 일이지만, 회사는 "편한 대로" 하는 일이다.

크리스마스 다음 날 밤 그는 차분히 그간의 경과를 종이에 적어 내려갔다. 그의 유서는 담담한 문체로 쓰여 있으며, 자신이 죽음으로써 "현재 근무하고 있는 비정규직은 좋은 대우"를 받을 거라는 희망을 피력하고 있다. 그리고 그는 오십 평생의 절반을 보냈던 회사에서 죽음을 맞았다.

나이 든 이 노동자의 생과 죽음이 보여주는 것처럼, 기업의 구조 조정 과정에서 노동자의 삶은 우수수 쓸려나가거나 뚝뚝 밑으로 떨어진다. 일시적인 것도 아니다. 기업은 변화하는 상황에 따라 유연하게 구조 조정을 지속하고, 그때마다 노동자는 잘리거나 비정규직화된다. 기업이 자유롭게 움직일수록 노동자의 삶은 점점 더 불안정해진다. 언제 일자리를 잃을지 모르니 미래가 불안정하고, 비정규직화에 수반한 저임금은 현재의 생활을 불안정하게 만든다. 기업의 유연화란 노동자에게는 불안정화를 의미한다.

앞에서도 계속 언급했지만 '유연화'라는 말은 신문 기사에서나 이런저런 경제 보고서에서 많이 보고 듣는 용어다. 한국의 노동 시장이 충분히 유연한가 아닌가를 두고 논쟁이 벌어지기도 하고, 경직된 조직 탈피와 유연성을 강조하는 기업 최고경영자의 인터뷰가 경제 신문에 실리기도 한다. 이런 것을 보면 유연성이란 경직성에 대비하여 '좋은 것'처럼 느껴진다. 일상생활에서 '경직되어 있다'라는 말은 뭔가 딱딱하게 굳어 있는 좋지 않은 상태를 지칭할 때 쓰이는 표현인 반면, 유연성이란 발레리나의 움직임처럼 부드럽고 우아하고 아름다운 상태처럼 들린다.

물론 비정규직화도 이 유연화의 한 방식이다. 그런데 노동자의 입장에서 보면 어떤가? 기업이 아름다운 발레리나의 몸짓처럼 유연하게 손짓 하나를 할 때마다, 노동자의 삶은 마구 뒤흔들린다. 노동자의 입장에서 보면 유연한 것이 아니라 '불안정한' 것이다. 모든 것이 그렇듯이 어느 입장에서 보느냐에 따라 의미는 매우 달라진다.

김춘봉 씨의 사례에서도 보듯이 지금의 정규직도 안심할 수 없다. 사실 비정규직에게 맡길 수 없는 업무란 없다. 예전에는 비정규직이 내부 노동 시장의 정규직 핵심 노동을 보조하는 주변적인 노동으로 간주되었고, 따라서 비정규직화에는 한계가 있는 것처럼 생각되었다. 그러나 그 한계는 계속 무너지고 있다.

일용, 임시직, 촉탁 등으로 불렸던 기간제 고용은 이제 계약직이라는 말로 포장되어, 전문직이든 보조적인 비숙련 노동이든 전 산업, 전 직종에 만연해 있다. 이 와중에 같은 일을 하는데도 불구하고 임금 차이가 현격한 것에 대한 불만이 거세지자, 근래에는 정규직과 비정규직이 하는 일을 분리하는 추세다. 은행 부문의 사례에서 본 것처럼 원래는 뭉뚱그려 있던 업무를 세분화하고 정규직과 비정규직에게 달리 배당함으로써, 비정규직 사용을 정당화하는 것이다.

이렇게 업무를 분리하면서 기간제 고용에서 다시 간접 고용으로 전환하는 경향도 나타나고 있다. 이전에는 간접 고용은 한계가 있다고 생각되었다. 그리고 특정한 업무에 대해서만 용역을 주기 때문에, 노동 과정을 분리하기 어려운 공장의 생산 라인이나 사무실의 화이트칼라 노동은 간접 고용화할 수 없다고 보았다. 그러나 이것이야말로 '경직된' 생각이었음이 드러나고 있다. 사실 마음만 먹으면 어떤 일이든 용역화하는 것은 불가능하지 않다. 한 부서 자체를 통째로 간접 고용화하기도 한다. 기업이 근래 많이 쓰는 방법이 분사인데, 예전에는 기업 내 부서와 같은 체계로 있었던 조직을 아예 서로 다른 회사로 만들어버리는 것이다. 이렇게 되면 노동자는 간접 고용이 되는 셈이다. 기업이 이런 방식을 선호하는 이유는, 앞서 말했듯이 통제와 지배력을 유지하면서도, 불안정성의 위험을 분산·전가하여 유연하게 움직이는 것이 가능하고, 노동자에 대한 책임도 회피할 수 있기 때문이다.

이런 측면에서 더 나아간 것이 특수 고용이다. 특수 고용화는 한계가 있을 수 있다. 실적을 개인별로 정확히 계산할 수 있어야 하기 때문에 노동 과정이 이어져 있거나 성과를 즉시 측정하기 어려운 업무에는 적용하기가 곤란하다. 그러나 이 한계 역시 절대적인 것은 아니며, 새로운 기법이 개발됨에 따라 확대 적용될 수 있다. 정규직 노동자에게도 연봉제니 성과제니 해서 업무를 개별화하여 실적을 수치화하려는 요즘의 추세를 보면 충분히 예상되는 일이다.

따라서 모든 노동은 비정규직화할 수 있고 모든 노동자는 비정규직 노동자가 될 수 있다. 〈그림 5〉가 표현하듯이, 이 시대 노동자가 처해 있는 환경이란 노동자를 유연하게 비정규직으로 전락시키는 모래시계의 형국이다.

(2) 노동권 파괴

여기서 노동권에 대하여 다시 상기해보자. 임금 노동자는 고용주에게 종속적일 수밖에 없다. 첫째, 노동자의 생계가 걸린 고용과 해고, 임금 등의 노동 조건을 고용주가 결정하기 때문이다(노동 시장에서의 종속성). 둘째, 노동자는 고용주 또는 그 의사를 대리하는 상급자의 지시와 감독을 받아 일한다(노동 과정에서의 종속성). 고용주는 이 두 가지로 임금 노동자의 삶을 좌우할 수 있다. 임금 노동자인 이상 이런 종속성에서 완전히 탈피할 수 없지만, 노동권은 노동자와 고용주의 관계에서 나타나는 이러한 힘의 불균형을 조금이나마 보완하고자 수립되었다. 사실 엄격하게 따지면 노동권은 자본주의의 원칙에 어긋나는 것이지만, 노동자가 스스로 이 불균형에 저항하고 투쟁한 결과, 모든 자본주의 나라에서도 노동권을 인정하게 되었다. 노동자는 고용주에 대항하여 단결할 권리가 있으며, 고용주는 노동자에 대해 기본적인 책임을 져야 한다.

그런데 노동자의 종속성을 역으로 뒤집어보면 노동자에 대한 고용주의 역할이란 채용과 해고, 임금을 비롯한 노동 조건을 결정하고, 노동자에게 지시를 내리는 일로 요약할 수 있다.

〈그림 5〉 전성봉, 〈시간문제〉[52]

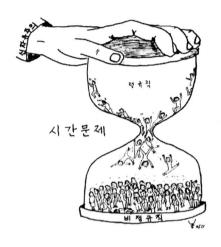

이 두 가지 점을 살펴보면 간접 고용과 특수 고용을 하는 기업도 사실상 고용주의 역할을 하고 있음이 명백하다. 그렇기 때문에 설사 형식상 그 기업이 고용한 것이 아니더라도 간접 '고용'과 특수 '고용'이라는 말을 붙이는 것이다.

먼저 간접 고용부터 보자. 노동자가 실제로 일을 하고 있는 기업과 그 노동자를 고용한 기업이 다르다. 그러나 노동자는 실제로 근무하는 기업의 규정과 감독에 따라 일하는 것은 물론, 많은 경우 채용에서 임금까지 노동자를 사용하는 기업이 맡아서 관리한다. 즉 노동자에 대한 고용주의 역할이라는 측면을 행사하고 있는 것이다.

이력서는 E기업(일하고 있는 유통 기업)에 냈고요. 그런데 ○○매장에서 일하니까 거기 협력업체(소속 기업) 파견 사원으로 된 거고, 그렇죠, 뭐.

회사(소속 기업)에다가 우리가 요구할 수는 있지만, 퇴직금이나 국민연금 같은 거를 모두 D기업(일하고 있는 기업)에서 관리를 하니. 회사(소속 기업)도 남의 돈만 봐주고 있지 자기는 행세도 못해요.[53](괄호 안의 설명은 인용자)

특수 고용도 마찬가지다. 물론 특수 고용 노동자는 면접이나 기타 시험을 통과해야 기업에 채용되고 규정에 따라 임금을 받는다. 우리가 보통 자영업자라고 부르는 경우가 그러하듯이, 자영 노동자란 누구 눈치 볼 것 없이 자기 일거리를 갖고 그로써 소득을 얻는 사람이다. 그러나 특수 고용 노동자는 기업의 일을 하며, 채용되지 못하면 일할 수 없다. 또한 노동 과정에서 감독과 지시를 받는다. 특수 고용 직종은 외근 업무가 많기 때문에 일일이 통제하는 것이 덜하긴 하다. 그러나 역시 자영 노동자처럼 자기가 알아서 일하는 것은 아니다. 지시를 받아 정해진 시간에 정해진 일을 하고 보고한다.

우리가 무슨 자영업자예요? 출근 시간에 맞춰 나와 우선 출근부에 체크하죠. 그리고 하라는 대로 물량 옮긴 다음에 갔다 와서 컴퓨터에 사번 입력하고 또 체크합니다. 회사에 잘못 보이면 장거리만 주고.

—특수 고용 화물 운송기사

간접 고용은 고용한 기업과 실제 일을 지시하는 기업이 다르기 때문에, 노동자는 업무 과정에서의 부당한 지시나 불이익에 대해서 호소할 데가 없어지고 고용주의 책임에 대한 규정은 무력화된다. 특수 고용은 해고, 임금, 사회 보험 등 법적으로 규정된 모든 고용주의 책임에서도 벗어난다. 이에 대해서는 앞서도 언급했으니, 여기서는 노동권을 실현하는 또 다른 형태인 노동조합의 권리를 해체하는 방식에 대해서 좀 더 부연해보기로 한다.

흔히 노동삼권이라고 불리는 단결권, 단체교섭권, 단체행동권은 바로 노동조합의 권리를 말한다. 물론 비정규직 노동자도 단결하여 노동조합을 만들 수 있다. 당장 해고될지도 모른다는 위험을 무릅쓰기만 한다면. 그러나 위험과 희생을 각오하고 노동조합을 만든 다음에도 비정규직 노동조합은 보장된 노동삼권조차 사실상 제대로 활용할 수 없다.

한 실례로 KBS의 방송 차량을 운전하는 노동자들이 노동조합을 만들었다. 그런데 KBS가 분사를 거듭한 결과 이들은 KBS의 손자 회사, 즉 한국방송공사의 자회사인 (주)KBS비즈니스의 자회사인 (주)KBS방송차량서비스에 고용된 것으로 되어 있다. 다단계 간접 고용이다. 이 노동조합은 누구와 단체교섭을 해야 하는가? (주)KBS방송차량서비스? (주)KBS비즈니스? 한국방송공사?

자회사에 예산을 할당함으로써 거기서 일하는 노동자의 노동 조건을 결정하는 것은 사실상 본사인 한국방송공사이지만, 이들을 직접 고용한 것이 아니라는 이유로 단체교섭을 회피할 수 있다. 그러나 이들의 고용주는 앞에서 인용한 노동자의 말마따나 "남의 돈만 봐주고" 있는 관리자일 뿐이다. 이런 경우 단체교섭이 제대로 될 리 없으며 노동조합 입장에서는 참으로 맥 빠지는 일이다. 단체교섭의 권리가 해체되는 것이다.

특수 고용 노동자 또한 단결하여 조직을 만들 수 없는 것은 아니다. 그러나 이들은 임금 노동자로 인정받지 못하기 때문에 노동조합의 권리를 인정받기 어렵다. 고용주가 단체교섭에 임할 의무도 없고, 파업 등 단체행동도 보호되지 않는다. 이러니 노동조합 활동을 정상적으로 할 수 없다. 특수 고용 노동자는 사실상 기업에 종속된 임금 노동자로 보아야 하므로 노동조합을 인정해야 한다는 판례가 잇따르자, 기업들은 재판에서 제시될 수 있는 증거들을 회피하기 시작했다. 예를 들어 출근부를 없애거나 겸업 금지 조항 등을 삭제하는 것 등이다.

보험 모집인 노조가 생기고 나서 용어 사용에 엄청 주의해야 합니다. 그동안 채용이라는 말을 썼었는데, 노조가 생기고 난 다음에는 채용이라는 말을 빼라고 해서 다 뺐습니다. 기본급이라는 말도 과거에는 썼었는데, 이 역시 노조가 만들어지면서 기본 수당이라는 말로 다 바꼈어요.[54]

결론적으로 기업은 비정규직을 사용하면서 노동권을 보장하는 현재의 법조차도 더욱 교묘하게 빠져나가고 있다. 노동조합의 권리든 고용주의 책임성에 대한 규정이든, 노동권은 임금 노동자의 투쟁으로 성취한 것이고, 이것의 법적 표현은 그 결과물이다. 그런데 이제 기업은 이를 무의미하게 만들어 버리는 방법을 찾았다고나 할까, 또는 그렇게 할 수 있게 되었다고나 할까. 어쨌든 비정규직화의 결과, 노동자들이 노동권을 지키기는 점점 더 어려워지고 있다.

3. 노동자, 스스로 나서다

2005년 현재 비정규직 노동자의 노동조합 조직률은 3.2%로서 정규직 노동자의 22.7%에 비해 극심한 차이를 보인다. 자칫 밉보이기라도 하면 금세 해고당하거나 노동조합을 만들어도 인정받거나 교섭하기 어려운 상황 등의 조건을 생각해볼 때 이것은 충분히 이해할 만하다.

그럼에도 비정규직 노동자가 노동조합을 만들고 파업과 투쟁에 나서는 일은 갈수록 잦아지고 있다. 어쩌면 자연스러운 일이다. 비정규직 노동자가 아무리 어렵고 힘들어도 속으로만 서러움을 삼킨다고 해서 기업이 알아서 해줄 리도 없고 누군가 와서 도와줄 리도 없다. 세상 일이 모두 그렇듯이, 스스로 행동하고 부당함을 세상에 알려야만 바꿀 수 있다.

(1) 비정규직 노동자의 외침[55]

2000년 12월 13일, 코트 깃을 올리거나 목도리를 두른 행인들이 종종걸음을 치는 겨울. 신도시답게 깔끔하게 구획된 도로, 매끈한 고층 빌딩과 아파트의 거리. 그런데 어울리지 않게 수백 명의 사람들이 길바닥에 주저앉아 있다. 시멘트 바닥에서는 차디찬 냉기가 올라와 연신 엉덩이를 꿈지럭댈 수밖에 없다. 그래도 얼굴은 붉게 상기되어 있었고 목소리는 뜨겁다. 천신만고 끝에 노동조합이라는 것을 만들었지만, 노사 교섭은 아무런 성과 없이 끝났고 중앙노동위원회 조정도 무위로 돌아갔다. 파업을 해야 할 차례가 된 것이다. '파업까지 안 갔으면 더 좋았으련만' 하는 불안감도 없지 않았지만, 파업을 할 수 있다는 것만으로도 흥분된다.

한국통신(현 KT) 계약직 노동조합이 만들어진 과정 자체도 쉽지 않았다. 그해 초에 몇몇 계약직 노동자들이 노동조합을 만들면 어떨까 하는 생각을 했다. 한국통신 계약직 노동자들은 전화와 인터넷 통신망 가설과 수리, 애프터서비스, 상담과 접수, 시험실 업무, 114안내 등 모든 업무에서 정규직과 동일한 일을 하면서도 임금은 절반 수준에도 못 미쳤다. 그래도 견딜 수 있었던 것은 몇 년 일하고 나면 정규직으로 채용될 수 있다는 희망 때문이었다. 그러나 1990년대 말부터 구조 조정에 돌입하면서 상황은 달라졌다. 정규직은커녕 계약 해지가 줄을 이었고, 설상가상으로 업무를 도급 또는 파견으로 돌리거나 분사하겠다는 구조 조정 계획이 발표되었다. 정규직 노동자들은 다른 업무로 전환할 수 있었지만, 계약직 노동자들은 실직하거나 아니면 도급 회사 소속이 되어 간접 고용으로 떨어질 수밖에 없었다. 처음에는 간접 고용으로라도 계속 일할 수 있을 줄 알았다. 그러나 한국통신 측의 말과는 달리 도급 회사들은 고용을 보장할 수 없다고 나왔다. 억울했다. 자연스럽게 노동조합 생각이 났다.

처음에 계약직 노동자들은 한국통신 노동조합에 가입하려고 했다. 그러나 노동조합은 계약직 노동자를 받기 꺼렸다. 계약직 노동자도 가입 대상이긴 하지만 그렇잖아도 구조 조정으로 정규직 일자리도 뒤숭숭한 판에 계약직까지 책임질 수가 없다는 이유에서였다. 그래서 계약직 노동조합을 따로 만들려고 했으나, 그것도 어려웠다. 노동조합 가입 대상이 중복되어서는 안 된다는 복수 노동조합 금지 조항 때문이었다. 우여곡절 끝에 결국 정규직 노동조합이 비정규직 노동자를 가입 대상에서 빼는 것으로 규약을 변경하고 난 10월에야 따로 계약직 노동조합 설립 신고를 할 수 있었다. 그렇게 해서 간신히 노동조합을 만들고 교섭 자리라도 만들 수 있었고 중앙노동위원회에 조정 신청도 낼 수 있었으며 합법적인 파업도 할 수 있게 되었다. 그것만 해도 반가운 지경이었다. 그때는 다들 며칠 파업하면 되는 줄 알았다. 517일이라는 시간을 길바닥에서 보낼 것이라고는 누구도 상상치 못했다.

그해 겨울은 수십 년 이래 가장 추웠다. 객관적인 통계는 어떤지 몰라도, 난생 처음 길바닥에서 겨울을 나게 된 사람들에게는 가장 추운 겨울일 수밖에 없었다. 매일 점심 무렵 한국통신 본사 앞에서 집회를 했다. 지방에서 올라온 사람들이 많아서 집단 숙소가 필요했다. 대학교 강당 같은 곳을 빌려 전전하다가 곧 본사 앞에 텐트를 치고 노숙에 들어갔다. 12월, 1월, 2월, 가장 추운 때, 아무리 바닥에 몇 겹을 깔고 텐트를 꼭꼭 동여매도 매서운 추위를 막기에는 역부족이었다. 길바닥에

쭈그리고 앉아 식판의 얼음밥을 먹을 때면 손이 곱아 젓가락질이 제대로 되지 않았다. 지나가는 사람들의 눈길도 창피했다. 집에 가면 따뜻한 물에 샤워하고 뜨끈한 방에서 길게 누울 수 있을 터인데…씻는 것도 가끔 목욕탕에 다녀오는 것을 제외하면 주변 건물의 공공 화장실에서 눈치를 보며 세수하는 데 만족해야 했다. 특히 젊은 여성들에겐 더욱 불편한 일이었다.

한 달 만에 첫 번째 사고가 났다. 1월 15일, 영하 20도 가까운 추위가 몰아닥쳤다. 평소처럼 점심 집회를 하고 있었는데, 한 청년이 움직이지 않았다. 옆 사람이 놀라 팔을 잡았다. 눈이 풀리고 온몸이 뻣뻣하게 굳어 있었다. 급히 구급차를 불렀으나 늦었다. 스물일곱 살의 청년이 평생 반신마비로 살아가게 되었다.

그래도 상황은 해결될 기미가 보이지 않았다. 노동조합의 요구는 해고 방침을 철회하라는 것이었다. 그러나 회사는 눈 하나 깜짝하지 않고 예정된 구조 조정 일정에 따라 계약을 해지했고 도급과 파견 전환을 진행했다. 계약 만료 후 재계약 여부는 회사 마음이라고 했다. 합법적인 단체행동이었지만, 비정규직에게는 의미가 없었던 것이다.

노동자들은 세상에 이 부당함을 알리기로 했다. 두 명이 한강대교에 올라갔다. 겨울의 거센 강바람에 현수막이 마구 펄럭여 펼칠 수도 없었다. 현수막에 신발을 매달아 던졌다. 지나가던 차들이 멈춰 서서 구경을 했다.

그 철판이, 양말을 신었는데도 그 장난이 아니더라고요. 가만히 있으니까 처음에는 좀 후끈후끈거리더라고요. 이래 좀 더 있었더구먼, 다 발이 얼기 시작하는데, 바람도 세게 불지, 이 또 공간도 얼마 안 되잖아요. 이게 중심을 못 잡고 가만 있으면 또 떨어질 거 같은 거예요. 난…죽을라 한 건 아니고, 일단 우리 홍보 활동하러 갔기 때문에. 떨어지면 안 되잖아요.[56]

　드디어 텔레비전에 나왔다. 그러나 노동자들은 곧 실망을 했다. 짧게 스쳐간 단신은 '한강대교에서의 소동으로 교통 체증을 빚었다'는 것이었다. 3월에는 목동의 전화국을 점거했다. 5시간 만에 끌려 나왔지만, 이번엔 좀 나았다. 역시 짧은 뉴스였지만, 비정규직의 요구 사항이 보도되었다. 그것만으로도 노동자들은 희망에 부풀었다.

　그러나 회사 측은 계속 무시로 일관했다. 의무 교섭 기간을 대충 때우고 난 후에는 노동조합을 상대도 하지 않았다. 그렇게 하루하루가 흘러갔다. 1년이 지나고도 또 날이 흘러갔다.

　그동안 노동자들이 투쟁을 한 이유는 무엇인가? 7,000명의 비정규직 노동자들이 해고되었다. 모두가 항상 노숙을 한 건 아니고 집에 왔다 갔다 한 사람들도 있었지만, 많은 사람들이 어떻게든 이 투쟁에 참여했다. 경제적으로만 계산하면 전혀 실리가 없었다. 한 노동자의 말처럼 버는 돈은 없고 오히려 빚만 지게 된 어리석은 짓이었다.

　노동자들이 파업과 투쟁에 참여하는 것은 단순히 임금이나 노동 조건에 대한 불만 때문이 아니다. 아무리 임금이나 노동

조건이 열악해도 그것이 부당하다고 생각지 않는다면 저항하지 않는다. 역으로 올바른 일이라고 생각하면 손해를 보더라도 용기를 내기도 한다. 끝까지 남았던 한 여성 노동자는 이렇게 말한다.

노조에 가입하고 파업을 하게 된 게, 전 이기적인 생각이, 물론 사람이 전혀 없을 수는 없겠지만, 이기적인 생각에서 했다고 생각은 안 들거든요. 근데 누군가는 해야 되는 일이라서 했는데, 그게 옳은 거니까, 살면서 옳은 것을 위해서 무언가를 해보고 싶다는 생각이 있었어요. 근데 그 파업이 이 기회였고, 이걸 하지 않으면 앞으로도 이런 것이 없을 텐데 앞으로도 없을 것이다라는 생각했거든요. 그래서 이걸 선택을 한 건데 그래도 옳은 일이니까 계속해야 된다고 생각을 한 거예요…저 같은 경우는 그 해고도 안 됐거든요…회사에서 나와라, 나와라 사실 그랬었는데.[57]
(중략은 인용자)

비정규직에 대한 어이없는 차별, 기업은 계속 큰 수익을 내면서도 노동자만 희생시키는 구조 조정, 이런 모든 상황이 억울하고 부당하다고 생각했기 때문에 한국통신 계약직 노동자들은 517일을 버틸 수 있었다.

하지만 그것만으로는 한계가 있었다. 끝이 보이지 않는 길이었다. 언제 끝이 날까, 비정규 노동자도 이길 수 있다는 선례를 남겨야 하는데…한 사람 두 사람 떨어져나갔다. 미안함은 그지없었지만 생계가 있고 가족이 있었다. 517일이 지나자 남은 사람은 200여 명이었다. 그들은 노동조합을 해산하고 펑펑 울었다. 계약직 노동자들은 간접 고용으로 떨어졌다.

그 나날들이 후회된다는 사람도 있고, 그래도 좋았다는 사람도 있다. 결과만으로는 비정규직 노동자는 노동조합을 만들고 집단교섭과 집단행동을 해도 노동 조건을 개선하는 데 성공하지 못한다는 점을 보여준 셈이었다. 그러나 나비효과란 말도 있듯이, 세상일이란 그렇게 직접적인 결과대로 영향을 받는 것이 아니다. 한국통신 계약직 노동조합의 투쟁을 전후하여, 또 그 기간 동안 비정규직 노동자들이 우후죽순처럼 노동조합을 만들었다.

한국통신 계약직 노동조합의 투쟁이 많은 사람들이 참여하고 워낙 긴 기간 동안 지속되었기 때문에 좀 더 주목을 받았으나, 그전에도 비정규직 노동자의 조직과 투쟁이 없었던 것은 아니다. 많은 비정규직 노동자들이 다른 여러 차별과 마찬가지로 노동조합 역시 '정규직 이야기'라고 치부하고 체념해왔다. 그러나 비정규직의 삶과 상황은 불안정할 뿐만 아니라 부당하기도 하다. 손익 계산뿐 아니라 정의감도 인간의 행동 동기 중 하나다. 노동조합을 만들어봤자 당장 이익을 볼 가능성이 그다지 없더라도 뭔가 잘못되어 있다는 것을 느끼고 그것에 공감하는 사람들이 많다는 것을 알았을 때 사람들은 용기를 낸다.

점점 더 많은 비정규직 노동조합이 생겨나고 있다. 간접 고용 비정규직 노동자들은 실제로 노동 조건을 결정하는 본사가 책임을 회피하지 말 것을 요구하기 시작했다. 특수 고용 노동자들은 임금 노동자라는 점을 인정하라는 소송을 내고 있다. 정규직이 잠식되고 비정규직 노동자들이 다수를 차지하는 추세에 따라 필연적으로 비정규직 노동자들의 목소리는 더욱 커질 것이다.

(2) 갈등이냐 연대냐—정규직 노동자와 비정규직 노동자

한국통신 정규직 노동조합이 규약에 조합원 대상으로 되어 있던 계약직 노동자들을 받아들이지 않았던 것처럼, 정규직 노동자나 노동조합이 비정규직 노동자의 투쟁을 꺼리는 경우가 있다. 왜 그럴까? 회사에 비정규직 노동자가 많아지면 정규직 노동조합의 발언력도 덩달아 약화된다. 예를 들어 노동조합이 파업을 해도 노동조합에 가입하지 않는 비정규직 노동자만으로도 일을 해나갈 수 있으므로 기업 측이 노동조합의 의견을 쉽게 무시해버릴 수 있기 때문이다. 따라서 원칙적으로 정규직 노동조합은 비정규직 사용을 반대하고 비정규직의 정규직화를 위해 노력해야 한다. 그러나 현실에서는 그렇지 않은 경우가 종종 있다.

정규직 역시 구조 조정이 상시화됨에 따라 비정규직만큼은 아니더라도 불안하고 불안정하기 때문이다. 삼팔선, 사오정, 오륙도, 삼십팔 세면 끝이다, 사십오 세면 정년이다, 오십육 세에도 회사에 남아 있으면 도둑놈이다. 이런 개그가 널리 떠도는 상황에서 정규직 노동자도 구조 조정의 회오리에 언제 어떻게 휘말릴지 모른다. 옆의 비정규직 동료에게 미안한 마음

은 느낄지언정 그래도 한 치 건너의 일, 내 코가 석 자라고 몸을 사리게 된다.

나아가 정규직은 비정규직이 많아지면 오히려 내심 안도감을 느끼기도 한다. 구조 조정이 있으면 일단 비정규직부터 해당될 테니까, 정규직은 피해를 덜 입을 수 있다고 생각하는 것이다. 이렇게 비정규직을 일종의 고용 안전판으로 간주한다면, 굳이 비정규직 도입을 반대하거나 정규직화를 원할 이유가 없다. 물론 양심상 내놓고 말하진 못하더라도 속내는 은근히 그럴 수도 있다.

그게, 비정규직도 가입시키면 그만큼 책임을 져줘야 하는데, 그럴 능력이 안 되니까. 그래서 못하는 거죠. 당장 정규직도 흔들흔들하는데. 우리도 매년 단체협상 때 비정규직 문제, 정규직화를 요구 사항으로 걸어요. 그런데 사측에서는 그것만은 절대 못해주겠다, 차라리 임금을 올려달라는 건 들어주겠다. 이러니까…요새 정규직들도 어디 정년까지 일할 거라고 생각하나요? 벌 수 있을 때 많이 벌어야지, 그래야 퇴직금이라도 합쳐 창업이라도 하지, 이런 생각이 지배적이고. 그러니까 비정규직 문제가 우선순위가 아닌 거죠.

　　　　　　　　　　　　　　　　　　—H기업 노동조합 간부

이에 더하여 기업이 의도적으로 정규직과 비정규직을 갈라놓는 분할 기제를 사용함에 따라 정규직 노동자와 비정규직 노동자 사이에 거리감과 불신이 생기기 쉽다. 예를 들어 채용

경로를 달리하는 것 등이 그러한데, 정규직은 공개 채용 시험을 거쳐서 뽑고 비정규직은 연고 채용 등을 하는 것이다. 별것 아닌 것 같지만 시험을 보고 들어온 정규직 노동자들은 회사의 당당한 일원이지만 비정규직은 그런 자격을 통과하지 못한 것으로 폄하되는 효과를 낳는다.

그때, 계약직 직원들이 정규직화 투쟁할 때, 사실 조합원들 반응은 싸늘했어요. 조합 간부들만 벌 떼같이 달려들어 성사시킨 거지. 그게 왜 그랬냐 하면, 걔들은 백으로 들어온 애들이다, 이런 게 있었거든요. 다 회사 높은 사람들 친인척 자식들인데 어떻게 믿을 수 있냐, 이런 말도 나오고. 비정규직 문제 중요하다, 설득해도 조합원들 마음에는 그런 게 안 가시나 봐요.

—C공사 노동조합 간부

반대로 비정규직 노동자는 정규직 노동자에게 은근히 무시당한다는 기분을 느끼면서 서운함을 갖는다. 같은 직장에 근무하면서 정규직 노동자가 현격히 나은 대우를 받는 것을 보고 기분이 상하지 않을 리 없다.

그래서 같은 기업이나 직종 내에서도 정규직 노동조합과 비정규직 노동조합이 따로 만들어지는 경우가 많다. 비정규직 노동자도 노동조합을 만드는 상황에서, 비정규직까지 책임지기는 어렵다고 생각한 정규직 노동조합이 비정규직 노동자를 받아들이기를 꺼리는 것이다.

이렇게 노동자가 정규직과 비정규직으로 나뉘어 함께 행동하지 못하면 노동자끼리 불신과 원망이 심해질 수 있다. 정규직 노동자가 파업을 한다고 해보자. 만약 비정규직 노동자가 정규직 노동자와 비슷한 일을 한다면, 고용주는 파업에 참여하지 않은 비정규직 노동자를 대신 투입해서 정규직 노동자의 파업을 쓸모없이 만들 수 있다. 이럴 경우 정규직 노동자는 비정규직 노동자가 원망스럽다. "너희 때문에 파업이 실패했어!" 한편 정규직과 비정규직이 같은 일을 하지 않는 경우에도 파업의 효과는 정규직과 비정규직에 모두 영향을 미친다. 같은 사업장에서 서로 연결되어 있는 업무를 담당하고 있기 때문이다. 예를 들어 어떤 기업에서 핵심적인 업무를 맡고 있는 정규직 노동자가 파업을 하면, 비정규직 노동자는 할 일이 없어지고 일용직이라면 임금을 못 받을 수도 있다. 비정규직 노동자는 화가 날 것이다. "너희 때문에 내가 손해를 봤어!" 반대로 보조적인 업무를 맡고 있는 비정규직 노동자가 파업을 하면, 정규직 노동자는 일하는 데 불편해지거나 그 일까지 맡아 해야 한다. 정규직 노동자는 짜증이 난다. "너희 때문에 힘들어졌잖아!" 이런 일을 겪으면서 정규직 노동자와 비정규직 노동자 사이에 갈등과 원망이 생기고, 점점 더 함께 행동하기어려워지는 악순환이 나타난다.

그러나 정규직 노동자와 비정규직 노동자의 갈등은 근래 들어서 반전하기 시작했다. 무엇보다 비정규직 노동자가 스스로비정규직이라는 기제의 부당성을 호소하면서, 관심이 없던 정규직 노동자도 이에 대해서 알게 되었다. 정규직과 비정규직을 가르는 여러 가지 기제가 남아 있고 여전히 서로 불신하거나 서운함을 느끼기도 하지만, 적어도 비정규직이 기업이 노동권을 회피하면서 노동자의 삶을 불안정하게 만드는 방식이란 점은 알려지고 있다.

더구나 노동조합과 관련해서 비정규직의 확산은 심각한 문제가 되고 있다. 노동조합이란 노동자들이 단결하여 집단적으로 행동함으로써 이익을 도모할 수 있는 권리다. 노동조합에 가입하지 않은 비정규직이 많아지면 단체행동의 효과는 점점 줄어들 것이고, 나아가 노동조합을 만들기 어려운 비정규직이 대다수를 차지한다면 노동조합의 조직률 자체도 점점 떨어져 나중에는 소멸될 지경에 이를지 모른다. 앞에서도 말했듯이 결국 비정규직을 사용하는 것은 노동조합의 권리를 해체하는 기업의 전략이다.

노동조합 활동을 적극적으로 하는 사람들은 비정규직 확산을 심각하게 생각하는 경향이 있다. 노동조합총연맹과 같은 상급 조직에서도 비정규직 문제에 신경을 쓰기 시작했다. 정규직 노동조합이 비정규직의 정규직화를 추진하거나, 비정규직 노동자의 투쟁에 연대하는 일이 잦아지고 있다. 비정규직화를 방치할 때는 결국 정규직 노동자도 노동권을 유지하기가 어렵다는 것을 인식하게 된 것이다. 비록 현재 전체 조합원 중에서 노동조합의 비정규직 비율은 15% 정도에 불과하지만, 비정규직 문제에 어떻게 대처하느냐는 노동조합의 미래를 좌우하는 관건이 될 것이다.

제 4 장

우리 시대의 비정규직, 무엇이 문제인가

1. 쟁점과 오해

비정규직의 확산과 차별이 사회적 이슈로 떠오르면서 대통령부터 정치인, 노동계뿐만 아니라 심지어 기업 대표자에 이르기까지 비정규직 문제를 해결해야 한다고 목소리를 높이고 있다. 비정규직 문제가 현대 한국 사회의 중요한 사안일 뿐 아니라 그 자체가 부당성을 담지하고 있다는 사실을 드디어 인정하게 된 것일까?

누구나 비정규직 문제를 해결해야 한다고 하지만 해법은 제각각이다. 여기서는 이와 관련된 쟁점을 살펴보기로 한다.

(1) 비정규직은 정규직 노동자의 이기주의 탓?

첫째…노동계는 비정규직의 열악한 고용 환경을 지적하면서도 그 이면에 존재하는 정규직에 대한 과보호 문제는 도외시하고 있다…노동조합은 비정규직 문제의 진지한 해결을 위해서 정규직에 대한 과보호 해소와 임금 안정 및 노동 시장 유연성 확보에 적극 협력하여야 할 것이다….

둘째…노동계는 정규직은 선이고 비정규직은 악이라는 이분법적 논리로 사회 분열을 조장하고 있다. 그러나 날로 고도화되어가고 있는 경제 구조와 급속한 고령화 추이 등을 고려할 때 비정규직 활용은 시대적 대세라 할 수 있다….

셋째…보호와 규제 위주의 비정규직 대책은 기업의 인력 운용을 더 경직시키고 인건비 부담을 늘리게 돼 기존의 비정규직 일자리마저 사라지게 하는 결과를 초래할 것이다….

마지막으로…노동계는 비정규직 규모가 몇 %에 달해 비정규 공화국이라느니 비정규직을 정규직화해야 한다는 등 문제 해결에 도움이 되지 않는 소모적인 논쟁을 중단하는 대신 정규직 근로자의 근로 조건 양보와 경영계의 노력을 통해 비정규직 근로자의 근로 조건을 개선하는 보다 현실적인 해결책 마련에 동참하여야 할 것이다.[38]

(중략은 인용자)

전국경제인연합회, 한국경영자총협회 등 기업 측 단체들이 비정규직 논의에 대해 발표한 공동 성명이다. 고용주의 입장을 대변하는 이 논리는 비정규직 확산이 정규직 노동자의 '이기주의'에서 비롯되었다고 정규직 노동자에게 책임의 화살을 돌리면서, 노동 시장의 유연성을 높이고 정규직이 임금 및 노동 조건을 양보함으로써 비정규직 문제를 해결할 수 있다고 주장한다.

우선, 앞의 성명에서 말한 바처럼 비정규직 확산의 원인이 정규직 노동자의 이기주의에서 비롯되는 것인지 살펴보자. 비정규직을 사용하여 이익을 보는 쪽은 정규직 노동자가 아니라 기업이다. 정규직 노동자가 비정규직을 사용해달라고 요청할 리 없고, 비정규직이 늘어나면 궁극적으로 정규직도 불안해질 뿐이다. 원인을 따지자면 당연히 '고용주가 원했기 때문'이다. 은근슬쩍 정규직 노동자 탓으로 떠넘길 수 있는 문제가 아니다.

그리고 정규직에 대한 '과보호' 때문에 비정규직을 쓸 수밖에 없다는 논리는 오랜 노동권 투쟁으로 확립된 고용주의 책임을 던져버리겠다는 선언이나 다름없다. 임금 노동자에 대한 보호 규정은 고용주와 임금 노동자 사이에 심각한 힘의 불균형이 존재하는 자본주의에서 노동자들이 고용주의 횡포에 휘둘릴 수밖에 없기 때문에 최소한의 보완 조치로 만들어진 것이다. 그런데 기업가의 이러한 논리는 이제 그런 책임마저 벗어던지고 자본주의 초기의 자유주의 시대처럼 전횡하기를 원한다는 뜻을 품고 있다.

그렇다고 기업 측을 비난만 할 수는 없다. 고용주 입장에서야 노동자를 마음대로 부릴 수 있으면 좋다. 역사적으로 기업가는 임금 노동자의 투쟁과 케인스주의에 경도된 국가의 압력에 밀려 마지못해 노동권을 인정했을 뿐, 기회만 있으면 그것을 회피하고 파괴하려고 했다. 그리고 케인스주의가 붕괴함에 따라 국가의 압력이 힘을 잃거나 신자유주의 노선으로 전환한 것이 그런 기회를 제공해주었다.

고용주인 기업 입장에서 이러한 생각이 당연한 것이라면, 반대로 노동자의 입장에서 보면 이들의 해결책이 어불성설, 말이 되지 않는 것일 수밖에 없다. 노동 시장 유연화를 제고함으로써 비정규직 문제가 개선될 것이라는 말은 모순이다. 노동 시장 유연화라는 것이 바로 비정규직화와 동의어인데, 그런 상태를 더욱 악화시켜서 그 사태를 해결하겠다? 이것이 이해되려면 단 한 가지 설명밖에 없다. 유연성의 제고, 즉 비정규직뿐 아니라 정규직도 지금보다 더 자유롭게 해고할 수 있도록 하여 비정규직만큼 불안정하게 만드는 것이다. 모든 정규직이 비정규직화된다면 적어도 정규직과 비정규직의 차별 논란은 해결될 테니까.

정규직 임금이 너무 높아서 저임금의 비정규직을 쓰는 것이기 때문에, 정규직이 노동 조건을 양보하면 비정규직 문제가 풀릴 것이라는 해결책도 설득력은 없다. 이것은 기본적으로 노동자에게 돌아갈 전체 몫은 정해져 있으며 그 속에서 정규직이든 비정규직이든 노동자끼리 나눠 갖는 것이라고 상정한다. 비정규직을 사용해서 기업이 잘되고 경제가 성장하면 노동자들도 좋아지고 비정규직 문제도 저절로 해결될 것이라는 이른바 '파이 키우기' 주장도 비슷한 논리다. 이는 파이를 키우면 노동자에게 분배되는 몫도 커질 것이라고 가정한다.

그러나 기업이 잘되고 경제가 성장했을 때 그것이 노동자의 몫으로 돌아오는 관계는 케인스주의의 방식이다. 신자유주의는 그 연관 관계를 오히려 흐릿하게 만들었다. 앞의 〈표 4〉가 기업 소득이 증가해도 국민의 개인 소득은 전혀 증가하지 않음을 보여준 것처럼, 기업이 성장한다고 해서 그 이윤이 고스란히 노동자에게 돌아오리라는 보장은 없으며, 노동자의 몫 역시 정해져 있지 않다. 기업의 이윤은 노동자에게도 돌아가지만 주주, 즉 자본가에게도 돌아간다. 이 비율이 어떻게 분배될 것인가는 상황에 따라 다르다. 케인스주의는 유효 수요를 위해 이윤이 노동자의 소득으로 돌아가는 것을 중시했지만, 신자유주의는 주주자본주의라고 불릴 만큼 자본 투자자에 대한 이익 배분을 훨씬 더 중시한다. 신자유주의하에서는 자본가는 더욱더 많은 부를 챙기게 되고, 임금이 주 소득원인 노동자의 파이는 결코 커지지 않는다. 더군다나 초국적 금융 자본이 자본 투자 시장을 좌우하면서 기업의 이익이 국내 노동자의 이익으로 돌아오는 관계는 더 약화되었다. 오히려 자본 측으로 돌아가는 분배율을 더욱 높일 수도 있다. 이런 상황에서 정규직 노동자의 임금을 양보해 비정규직 문제를 해결하자는 주장은 그렇잖아도 작은 노동자의 파이를 나눠 먹으라는 말에 지나지 않는다.[59]

결국 노동자 입장에서 보면 이러한 주장은 전혀 해결책이 될 수 없다. 그도 그럴 것이 비정규직을 사용하여 이익을 얻는 기업이 굳이 비정규직 문제를 '해결'할 리 없다. 정규직의 이기주의를 탓하는 말은 은근슬쩍 문제의 핵심을 빗나가게 하려는 것일 뿐이다. 차라리 '비정규직 활용은 시대적 대세'라고 주장하는 것이 솔직한 말이다. 그러나 이 시대적 대세 때문에 노동자의 삶이 힘들어진다는 것은 명백한 사실이다.

(2) 비정규직을 보호하는 방법?

비정규직 활용이 시대적 대세일지는 모르지만 그로써 노동자의 삶이 총체적으로 불안정해지고 또 그것이 심각한 사회적 문제로 부상하고 있으며 이에 저항하는 투쟁도 속속 일어나고 있는 것이 지금의 시대적 추세다. 따라서 노동계를 비롯해 이러한 문제를 우려하는 측에서는 비정규직을 보호하는 방법들을 법적으로 규정하고자 한다.[60] 그 방법으로는 주로 두 가지가 거론되는데, 하나는 비정규직 사용 기간을 규제하는 것이고, 다른 하나는 정규직과 동일한 노동 조건을 보장하도록 하는 것이다. 그러나 이것은 이미 현실적인 효과를 갖기 어려운 뒷북치기에 불과하다.

첫 번째 방법은 비정규직 노동자가 일정 기간 근무하고 나면 정규직화하도록 법적으로 고용주의 책임을 규정하는 것이다. 이것은 노동법상에 명문화되기 이전에 이미 몇 개의 판례가 나와 있다. 오랫동안 비정규직으로 근무하다가 갑자기 해고당한 노동자가 부당하다고 느껴 고소를 하자, 기간을 정해놓고 재계약을 반복하는 형식이라 할지라도 오랫동안 근무를 했으면 정규직이나 다름없이 고용 책임이 있다는 판결이 나왔다.

그러자 어떻게 되었을까? 기업은 계약 기간을 단축함으로써 재계약을 여러 번 반복하지 않고 손쉽게 해고하기 시작했다. 아예 처음 계약할 때부터 일정 기간 이상 고용하지 않는다는 조항이나 방침을 세우기도 한다. 예를 들어 11개월씩 두 번까지만 재계약을 한다는 조항을 내걸어, 그 기간이 지나면 새로운 사람으로 대체하는 것이다. 파견법이 제정되면서 3년 간의 간접 고용 후에 정규직화하는 것으로 규정되자 3년마다 물갈이되는 것도 마찬가지다. 비정규직을 보호하고 정규직 고용을 촉진하기 위한 의도였으나, 오히려 비정규직 노동자의 불안정성을 강화하는 역효과를 낳았다.

이렇게 단기간 고용하고 다시 다른 노동자로 대체하는 방식은 단순 비숙련 업무에만 적용되는 것이 아니다. 고용주 입장에서는 교사, 프로그래머, 디자이너, 간호사 등 이른바 전문직도 이러한 단기 고용 방식이 용이하다. 누구든 특정한 전문적 일만 수행하면 그뿐이니까. 그 직종의 노동력 공급이 부족하지 않은 한 얼마든지 단기 고용하고 새로운 인력으로 대체할 수 있다.[61] 사실 기업의 전체 업무를 조정하는 몇몇 핵심 관리자를 제외하면 모든 업무를 비정규직화하는 것이 가능하다.

그런데도 일정 기간 후 정규직화라는 방식을 비정규직 보호 해법이라고 내놓은 것은 정책입안자들이 변화하는 노동 환경에 대해 충분히 고려하지 못했기 때문이다. 어차피 계속 노동자를 사용할 거라면 그 기업에서 근속하는 사람이 낫다고 생각할 것이라는 내부 노동 시장의 관념을 여전히 갖고 있다. 그러나 기술 및 정보의 발전과 고등 교육의 대중화 등으로 인해 채용에 드는 비용이 크게 줄어들고 기업 특수적 숙련도 의미가 없어지면서, 기업은 정규직 고용의 책임을 지기보다는 내부 노동 시장을 포기하는 쪽을 선택하는 추세다. 이러한 상황에서 비정규직 사용 기간을 규제하는 것은 정규직화를 유도하기는커녕 비정규직 노동자들을 더 불안하게 만들기 십상이다.

두 번째 방법은 비정규직 사용을 직접 규제하기보다 비정규직의 노동 조건을 보호하는 것이다. 기업이 비정규직을 사용하는 이유 중 하나가 비용 감소의 이점이 있기 때문인데 비정규직도 정규직과 비슷한 대우를 하도록 규정한다면 굳이 비정규직을 쓸 이유를 못 느껴 정규직화를 유도할 수 있다는 발상이다. 그에 따라 비정규직도 사회 보험이나 퇴직금 등 규정된 노동 기준을 적용받게끔, 기업이 교묘하게 빠져나가던 구멍들을 손질하고 있다. 나아가 동일 노동 동일 임금, 즉 같은 일을 하는데 정규직과 비정규직 차별을 하지 못하도록 규정할 수도 있다. 그러나 기업은 이 역시 효과가 없도록 만들 만반의 준비를 갖춰놓은 상태다.

사실 같은 사무실 바로 옆 책상에서 비슷한 일을 하는 동료끼리 정규직과 비정규직이라는 이유로 월급이 두 배나 차이 나는 현실은 누가 봐도 부당하며, 그만큼 법적 규정 이전에도 저항이 많을 수밖에 없었다. 이 때문에 기업은 차츰 업무를 분리하여 정규직과 비정규직에게 따로 맡기는 쪽으로 나아가고 있다. 여기에는 다양한 기법들이 동원된다. 한 부서를 통째로 비정규직화하기도 하고, 원래는 한 업무에 속했던 일들을 분리해내기도 한다. 이른바 조직 유연화라는 미명 아래 한 기업이 업무를 분할하는 것은 매우 쉽기 때문에, 동일 노동 동일 임금도 그다지 효력을 발휘하기 어렵다. 혹시 어느 기업에 속해 있느냐와 상관없이 전국의 모든 직종별로 동일 노동 동일 임금 원칙을 적용하면 모를까.[62]

비정규직 보호 방안이 실시되면 아마 조금은 도움이 될 것이다. 그리고 비정규직 노동자 중에서도 지극히 열악한 상황에 처한 노동자는 형편이 나아질 수 있다. 그러나 비정규직의 확산 자체를 막기는 어렵다. 기업으로서는 현재 논의되는 것과 같은 방안을 빠져나갈 방법이 많을 뿐만 아니라 정규직보다 비정규직을 사용해서 얻는 이점이 더 크다.

그리고 강조되어야 할 것은, 비정규직이란 것이 열악하고 가난하고 비숙련 노동을 하는 층에만 해당하는 것이 아니라는 점이다. 화이트칼라와 블루칼라, 비숙련직과 전문직, 저학력

층과 고학력층을 막론하고 비정규직은 확산될 것이다. 분야와 직종이 다양한 만큼 비정규직 노동자의 노동 조건이나 소득 수준도 천차만별이다. 그러나 공통점은 이곳저곳을 떠돌아다녀야 하는 신세이며, 그 와중에 자칫 일자리를 다시 얻지 못하면 여지없이 실업자로 전락하고, 기업의 결정과 고용주의 말한마디에 휘둘린다는 것이며, 그리하여 삶이 불안정해지고 노동자의 권리를 갖지 못한다는 것이다.

2. 새로운 노동권 정립을 위하여

비정규직화가 사회적 문제가 되면서 여러 해법이 나오고 있으나, 앞에서 본 바와 같이 대개 미봉책에 불과하다. 근본적인 원인 중 하나는 현재의 노동권 개념이 자본주의의 역사에서 내부 노동 시장이 형성될 때 수립된 것이기 때문이다. 지금은 내부 노동 시장이 해체되는 상황이다. 기본적으로 맞지 않는 옷을 아무리 보완해봤자 누덕누덕 기운 미봉책이 되기 십상이다. 그렇다면 여기서 과연 노동권이란 무엇인지 근본적으로 다시 성찰해볼 필요가 있겠다.

(1) 프리랜서라는 환상

방송 작가들이 노동조합을 만들었다. 특수 고용 노동자라는 것이다. 보통은 프리랜서라고 불린다. 기업에 고용되지 않고 '자유롭게', '능력껏' 계약하여 일하는 사람이다. 그런데 이들이 노동조합의 권리를 갖는 임금 노동자인가?

이들은 반드시 한 방송국에 매일 필요가 없다. 능력과 여건이 된다면 동시에 여러 프로그램을 계약할 수도 있다. 어느 직장인처럼 출퇴근 시간을 엄수하는 것도 아니다. 때때로 회의에 참석하거나 방송국에서 요구하는 주문을 지켜주기만 한다면 재택근무를 할 수도 있다. 그런데도 이들에 대해서 고용주가 고용의 책임을 져야 할까?

프리랜서란 일반적인 임금 노동자의 두 가지 종속성, 노동시장에서의 종속성과 노동 과정에서의 종속성이 비교적 약한 상태를 의미한다. 따라서 프리랜서는 임금 노동자의 노동권에서 배제되어왔다. 구체적으로 말해서 노동법과 노동조합의 권리를 적용받지 않는다.

예전에는 프리랜서가 드물었다. 하지만 지금은 점점 늘어나고 있다. 이유는 크게 두 가지로 생각해볼 수 있다. 우선 특히 떠오르는 새로운 산업 분야에 예전부터 프리랜서 형태가 존재했다는 사실이다. 컴퓨터 프로그래머, 문화계 스태프와 플레이어, 교육 분야의 강사 등. 예전에는 소규모의 프리랜서로 유지되던 분야에 자본이 투여되고 확장되어 프리랜서가 늘어났다. 또 다른 경로는 예전에는 임금 노동자로 고용했으나 구조조정의 바람을 타고 특수 고용화하는 것이다. 애프터서비스기사, 운전기사, 각종 세일즈맨, 심지어 생산직 노동자까지.

프리랜서라는 이름, 멋지게 들리는가? 어디에도 매이지 않고 자유롭게 창조력을 발휘하는 사람이라고 생각하는가? 그러나 실상은 그렇지 않다. 임금 노동자에서 갑자기 프리랜서로 전락한 경우는 차치하더라도, 전통적인 프리랜서 직종도 그 분야가 성장함에 따라 기업적 경영이 확산되고 노동 시장에서의 경쟁이 치열해지면서 임금 노동자 못지않게 고용주의 요구에 휘둘리게 되었다. 10여 년 전에 프리랜서로 일했던 컴퓨터 프로그래머와 지금 프리랜서 프로그래머의 상황과 지위는 매우 다르다.

사실 프리랜서, 즉 특수 고용은 노동 시장 '외부화'의 극단적인 표현이다. 자본주의가 발전하면서 자유로운 자영 노동자가 기업에 종속적인 임금 노동자로 변했다. 그런데 임금 노동자끼리의 경쟁으로 노동자의 상태가 악화되자 노동권 투쟁이 일어나고 내부 노동 시장이 형성되었다. 물론 기업 규모가 대규모화되면서 내부 노동 시장이 기업 측에도 유리했던 측면이 있다. 그러나 지금 진행되는 상황은 반대 방향이다. 기업은 고용한 노동자를 책임지지 않고 외부로 방출하려 한다. 이것은 정보 기술 발전으로 반드시 직접 고용하거나 지시하지 않아도 노동자에게 일을 시키고 조정하는 것이 가능해진데다가 세계화로 인해 자본의 힘이 강해지면서 노동자의 힘이 약화되었기 때문이다. 비정규직화란 이러한 노동 시장 외부화를 의미하고, 그중에서도 프리랜서로 만든다는 것은 말 그대로 노동자를 자유 경쟁으로 몰아넣는다는 것이다. 이러한 노동자끼리의 자유 경쟁이 바로 노동자의 상태를 계속 악화시키는 메커니즘이다.

이에 따라 점점 임금 노동자와 자영 노동자의 경계가 희미해지고 있다. 지금 특수 고용이라고 불리는 것, 그리고 특수 고용 노동자가 때때로 임금 노동자로 인정받는 것은 직접 고용할 때의 관행이 남아 논거로 쓰이기 때문인데, 이러한 표면적 종속성을 없애고 전통적인 프리랜서처럼 만들 수 있는 방법은 많다.

그러나 고용주에 대한 직접 종속성이 사라진다고 해서 노동자가 자본과 기업에 얽매이지 않는 것은 아니다. 아니, 기업에 의한 자본주의적 관계가 사회의 모든 영역에 속속들이 파고들면서 오히려 강화되는 측면도 있다. 영업 차량을 갖고 있는 사람은 생산 수단을 소유하고 있으므로 예전 개념으로는 자영 노동자라고 할 수 있으나 현재는 기업이 주는 일거리에 목매달고 있다. 대리점 업주는 전통적 자영업인 소상인이지만 기업의 요구와 조건에 얽매인다. 창조적 프리랜서라고 불리는 창작자나 연구자는 기업의 세세한 주문에 따라 정확히 맞춤 생산하곤 한다.

기업은 고용 책임을 지지 않고 노동자는 자유롭게 기업의 요구에 목매는 것. 고용주가 그리워하는 황금 시대 자유주의가 바로 이것이며, 지금 신자유주의는 새로운 방식으로 이에 복귀할 가능성을 시사한다.

극단적으로 말하면 비정규직화는 모든 노동자를 프리랜서로 만들어버릴 수 있다. 불가능한 SF적 발상이라고? 글쎄···. 서비스나 판매 직종은 특수 고용화하기 쉬운 직종이다. 생산직에도 이미 소사장제라는 이름으로 특수 고용이 들어왔다. 화이트칼라 쪽에서는 연봉 계약제라는 이름으로 개인별 고용 계약이 늘고 있다. 여기서 프리랜서화하는 특수 고용까지는 한 발자국이다. 한 부서나 한 팀을 분사화하여 간접 고용하는 판국에 개인별 특수 고용까지 나아가지 못할 이유가 없다. 개별 노동자의 노동을 정확하게 측정하고 유연하게 통합·조정할 수 있는 정보 기술이 발달할수록 이러한 경향은 가속화될 것이다. 현재의 경향으로 미래를 예측한다는 점에서 SF적일 수 있지만 불가능한 일은 아니다.

물론 모든 노동자의 프리랜서화는 극단적인 상상이다. 다만 강조하고 싶은 것은 비정규직화를 통해 고용 책임에서 벗어날 수 있는 외부로 노동자를 방출하는 기업이 점차 많아지면서 그것이 일종의 경향으로 자리 잡았다는 사실이다. 기간제 고용, 간접 고용, 특수 고용은 이 외부화의 순서를 표현한다. 외부화의 세 번째 단계인 특수 고용은 이미 자영 노동자와 임금 노동자의 경계를 불명확하게 만들었고, 이로써 임금 노동자에게만 적용되는 노동권이라는 개념 자체가 근본적으로 파괴되고 있다.

(2) 노동자의 권리란 무엇인가

지금까지 '노동권'이라는 단어에 대해 살펴보았다. 일반적으로 노동권이라고 하면 노동삼권, 즉 단결권, 단체교섭권, 단체행동권을 연상할 것이다. 이것은 노동조합의 권리다. 이 책에서는 이에 더하여 근로기준법 등 고용주의 책임을 규정한 법적 규정을 노동권에 포함시켰다. 이는 단순히 노동자가 너무 열악한 상태로 떨어지는 것을 보호하기 위한 것만이 아니라, 임금 노동자의 종속성을 완화하기 위한 시민적 권리이며 투쟁을 통해 쟁취한 소중한 권리이기 때문이다.

그러나 노동권은 여전히 임금 노동자의 권리다. 그도 그럴 것이 현재 노동권의 개념은 자본주의가 진행되면서 점점 더 많은 노동자가 임금 노동자가 되어가던 시기에 형성되었고 당시의 경향으로 보아 노동자 대부분이 종속성을 특징으로 하는 임금 노동자가 될 것이라는 예측이 가능했다. 물론 그 예측은 어느 정도 맞아떨어졌다. 이 책에서도 지금까지 이 노동권 개념을 가지고 비정규직과 관련된 논의를 해석했다.

비정규직화는 고용주인 기업이 현재의 노동권을 해체하는 방법을 찾았음을 의미한다. 현재의 비정규직 관련 대책은 그 노동권 해체를 저지하기 위해 이 구멍 저 구멍을 틀어막고 있는 중이다. 물론 그런 노력도 아주 중요하다. 하지만 이쯤에서 노동자의 권리란 과연 무엇인지 다시 되짚어볼 필요가 있다.

이 책은 노동에 대한 설명에서부터 시작했다. 노동이란 동물과 다른 인간 사회를 만드는 작용이다. 우리는 노동을 함으로써 이 인간 사회의 일부분을 담당한다. 그리고 노동을 통해 보람과 성취감을 얻지만 다른 한편으로는 지겹다고도 느끼고, 때때로 일 안 하고 먹고 사는 생활을 공상하기도 한다. 나도 그렇다. 그러나 노동에 대한 개인적 느낌이야 어떻든 인간 사회를 만들고 유지하는 것은 우리의 노동이다.

자본, 돈이라는 것이 이 사회를 만들어가는 것처럼 보일 때도 있지만, 그것은 수많은 다양한 노동이 통합되고 조직되는 흐름을 단지 겉으로 표시하는 '표지'일 따름이다. 노동이 서로 연결되어 사회를 구성하는 메커니즘은 역사적으로 여러 가지가 있다. 지금은 자본주의 사회이기 때문에 그 메커니즘이 돈의 흐름으로 표시될 뿐이다.

　노동을 함으로써 사회가 이루어지는 만큼 사회는 일차적으로 노동과 노동자를 위해서 구성되어야 한다. 근본적으로 이것이 노동자의 권리다. 노동권을 임금 노동자와 관련시킨 것은 당시 임금 노동자화의 경향이 뚜렷했고 그들의 종속성 문제가 가장 심각했기 때문이다. 그러나 현재 기업의 전략은 임금 노동자냐 자영 노동자냐 하는 구분을 점점 애매하게 만들고 있다. 한편에서는 기업이 고용의 책임을 회피하고 표면적인 종속성을 약화시킴으로써 그렇게 되고, 다른 한편에서는 임금 노동이든 자영 노동이든 자본주의적 기업의 영향력이 노동의 실현에 개입하는 정도가 점점 강화됨으로써 그렇게 된다.

　임금 노동이든 자영 노동이든 노동자는 존중받고 행복할 정당한 권리가 있다. 종속되고 불안하고 전전긍긍하면서 사는 삶이 행복할 리 없다. 고용주에 대한 임금 노동자의 종속성을 보완하여 더 이상 불안하게 살지 않도록 하려고 한 것이 기존 노동권이라면, 현재의 추세는 이를 회피하기 위해 비정규직이란 방법으로 직접적인 고용을 하지 않는 것이다. 이에 따라 기존 노동권 개념은 점점 현실에 맞지 않는 옷이 되어간다.

　노동자가 직접 고용되거나 한 기업에 얽매이는 것이 반드시 바람직하다고만 할 수는 없다. 노동권은 고용주에 대한 임금 노동자의 종속성을 보완하기 위해 수립되었지만, 말 그대로 지나치게 취약한 노동자의 입장을 '보완'하는 것일 뿐 어차피 근본적으로 노동 시장에서의 종속성과 노동 과정에서의 종속성을 제거할 수는 없다. 내부 노동 시장의 붕괴를 가능하게 한 정보 기술의 발달과 교육의 대중화는 원칙적으로 노동자가 더 자유로워질 가능성 또한 제공한다. 평생 한 직장에 발목 잡혀 기업과 자신을 동일시하는 내부 노동 시장에 갇혀 있는 것보다 특정하게 계약한 만큼만 일하는 것이 더 자유로울 수도 있다. 기간제나 파트타임으로 일하고 중간중간에 자기 계발의 시간을 가지길 원할 수도 있다. 모든 일자리가 내부 노동 시장으로 꽉 짜여 있다면 그럴 여지는 적을 것이다. 이러한 측면이 비정규직을 옹호하는 논리가 되고 있기도 하다. 반드시 한 기업에서 고용을 책임지지 않더라도 일자리가 많고 다양하다면 반드시 노동자에게 불리한 것만은 아니라는 말이다. 물론 현실이 전혀 그렇지 않기 때문에 이런 주장이 강하게 나오고 있지는 않지만, 원칙적으로 틀린 말은 아니다.

그러나 기술적·사회적 발전과 기업의 이익 때문에 희생되는 노동자를 자유롭게 하려면 무엇보다도 노동권의 개념이 다시 확립되어야 한다. 노동을 하는 사람은 그 대가로 사회에서 행복하게 살 수 있어야 한다는 근본적인 권리 말이다. 반대로 지금과 같은 비정규직화는 노동자가 일을 하면서도 끊임없이 불안함에 시달리도록 몰아넣는 방식이다. 정규직 임금 노동자를 전형적인 노동자로 간주해서 수립된 기존의 노동권 개념이 좁은 것으로 드러난 이상, 이제는 노동권을 더욱 확장하여 재구성할 필요가 있다.

이것이 구체적으로 어떠한 형태를 띨 지는 아직 미지수다.

케인스주의적 수정자본주의 시대의 사회적 복지와 유사한 방식일 수도 있다. 또는 기업의 전횡을 규제하고 자본의 사회적 책임을 강화하는 또 다른 제도를 구상해볼 수도 있다.

사실은 노동권의 재구성이라는 생각을 염두에 두는 사람이 아직은 거의 없으며, 기존 노동권의 개념 내에서 어떻게든 보완해보려는 노력이 주를 이루고 있다. 현재의 노동권 개념도 어느 한 사람의 아이디어로 생겨난 것이 아니다. 수십 년에서 수백여 년에 이르는 기간 동안, 당시 자본주의의 현실적 문제를 인식하고 개선책을 모색하고 실천하고 투쟁한 다양한 흐름들이 쌓이고 모여서 형성된 것이다. 비정규직이 기존 노동권의 개념을 파괴해버린 지금 이 시대, 다시 새로운 대안이 형성되기 위해서는 상당한 시간이 걸릴 수도 있다.

그러나 전망을 사고하기 위해서라도 먼저 근본적인 인식의 기초를 다질 필요가 있다. 그것은 다음 두 가지 명제로 요약된다. 노동자는 자신의 노동을 통해 버젓하게 살아갈 정당한 권리가 있다. 그 권리는 인식하고 모색하고 실천하고 투쟁하는 과정에서 만들어진다.

나는 역사를 좋아한다. 인간의 상상력이 얼마나 무한하고, 그것을 실현하기 위해 인간이 얼마나 치열하게 노력하고 투쟁해왔는가를 살피다 보면 가슴이 떨린다. 감히 비천한 것들이 나랏일에 끼어들려 하다니, 감히 계집이 집 밖 일을 하려 하다니, 감히 노동자가 권리를 주장하다니…. 당시에는 경천동지할 일이었고, 사회적 상식을 저버리는 난센스였으며, 선구적으로 이를 주장했던 소수의 사람들은 정신이 이상한 사람 취급을 받았다. 그럼에도 그러한 사회적 구조와 현상이 '부당하다'고 인식하고 저항했던 사람들이 있었다. 처음에는 단지 막연히 "이건 좀 뭔가 아닌 것 같아"라고 느끼는 것에서 시작했다. 대부분의 사람들이 세상일이란 다 그런 거라고 말할 때 "아니, 무언가 문제가 있다"며 의문을 품었다. 구체적인 개념이나 대안이 처음부터 쉽사리 나타난 것은 아니다. 선각자가 상상한 대안은 당시의 상식에서 볼 때 유토피아적인 몽상처럼 보였다. 부당함에 대한 인식이 점점 확산될 때도 "우리가 이런다고 뭐가 바뀌겠어? 문제가 있는 것 같기는 한데, 별다른 수도 없잖아" 하고 체념하는 사람들이 더 많았다. 이런저런 주장을 하는 사람들은 핍박받았으며, 당장 마땅한 대안도 없는 것같았고 눈에 보이게 바뀌지도 않았다. 그러나 사후적으로 역사를 돌아보면 바로 '세상 돌아가는 방식'에 대한 그러한 의문과 저항이 사회를 바꾸었고 지금의 세상을 만들었다.

그러니 당대의 상식이란 것이 얼마나 허망한가. 우리가 지금 당연하게 생각하는 상식은 옛날에는 전혀 당연한 것이 아니었다. '노예는 말하는 동물'이라고 규정했던 고대 그리스의 철학자 아리스토텔레스의 구절을 읽으면서 지금 우리는 피식 웃어 버린다. 여자나 흑인이 과연 인간의 범주에 포함되는가를 놓고 당대의 석학들이 진지하게 논쟁을 벌였던 것을 보고 어이없어 한다. 아랫도리만 입은 대여섯 살의 꼬마들이 탄갱을 드나들며 10시간씩 노동했다는 기록에 분노한다. 어떻게 그런 일들이 있을 수 있었지? 하고 지금 우리가 의아해하는 모든 것은, 당시 많은 사람들이 당연한 것으로 받아들였던 것이다. 상식에 대한 의문과 저항이 지금의 상식을 만든 것이다.

구 자유주의 시대 노동자의 권리를 주장하는 것도 그랬다. 자본주의가 발전하면서 '자유로운 시장 계약'의 원리가 가장 올바른 것이라고 당대의 석학과 지도층이 모두 생각하고 있을 때, 그에 위배되는 것을 상상하기란 쉽지 않았다. 노동조합을 만들겠다는 것은 자유 경쟁을 거부하는 불순한 사고로 간주되어 금지되고 탄압받았다. 법으로 고용주가 책임져야 할 노동 조건을 규정하자는 주장에 다들 어이없어 했다. 자유 경쟁이 세상의 원리인데? 노동 조건이 마음에 안 들면 네 능력을 갈고 닦아 노동 시장에서의 경쟁에서 성공하면 되잖아? 왜 단결을 하고 과격한 짓을 하는 거지? 하루에 18시간 일을 시키든 굶어 죽을 정도의 임금을 받든 자유로운 시장 원리에 따라 결정된 건데, 그게 무슨 문제가 된다는 거야? 노동자의 권리라고? 비상식적인 이야기군.

이러한 다수의 생각과 탄압에도 불구하고 투쟁이 시작되었다. 처음에는 많은 임금 노동자들을 나락으로 빠뜨리는 상황에 대한 저항일 뿐이었다. 노동조합이란 개념이 있었던 게 아니라 노동자가 자발적으로 단결했던 것이 노동조합의 형태로 발전했다. 노동자의 권리라는 개념이 생겨나고 그것을 뒷받침할 이론이 생겼다. 노동권을 구체화할 수 있는 제도를 구상하기 시작했다. 그러한 상상력과 투쟁의 역사가 쌓여 개념과 제도가 만들어진 것이다.

지금도 마찬가지다. 자유주의자들은 오랫동안 숨 죽였던 것에 복수하듯 노골적으로 자유 경쟁만이 선이라고 다시 목소리를 높인다. 그리고 자본의 세계화, 신자유주의 정책, 구조 조정의 일상화, 이 모든 것이 어쩔 수 없는 시대의 추세라고 한다. 비정규직? 뭔가 문제가 있는 것 같긴 해. 하지만 다른 방법이 있나? 그것이 대세잖아?

아마 비정규직이 대세고 이것이 현 자본주의 시대의 상식일지도 모른다. 다른 대안이 없는 것처럼 보일지도 모른다. 그러나 대세를 거스르고 상식에 의문을 품었던 상상력과 부당한 것에 저항했던 투쟁이 결국 세상을 바꿨다. 당신과 나, 그냥 평범한 노동자에 불과하다. 그러나 비정규직화라는 대세에 의문을 품고 부당하다고 느끼는 우리의 마음이, 훗날 어떤 것을 만들어낼지는 모르는 일이다.

1) 통계청의 경제활동인구 조사에 따르면 2006년 2월 20세 이상 60세 미만 인구 중 경제활동인구는 약 72%이다.

2) 통계청의 경제활동인구 조사에 따르면 2006년 2월 경제활동인구 중 임금 노동자는 약 67%다.

3) 이에 대해서는 해리 브레이버맨의 《노동과 독점자본》[이한주·강남훈 옮김(까치, 1998)]을 참조하라.

4) E. P. Thompson, *The Making of the English Working Class* (Harmondsworth: Penguin, 1982), 310쪽.

5) 리오 휴버먼, 《자본주의 역사 바로 알기》, 장상환 옮김(책벌레, 2000), 225~226쪽.

6) 맬빈 듀보프스키, 《현대 미국 노동운동의 기원》, 배영수 옮김(한울, 1990), 39쪽.

7) 이외에도 시간제 고용, 즉 파트타임을 비정규직의 한 유형으로 집어넣는다. 그러나 한국에서 시간제 고용은 기간제 고용의 일종으로 쓰이고 있고 그 특성이 비슷하기 때문에 여기서는 따로 분류하지 않았다.

8) 2005년 8월 통계청 경제활동인구 부가조사.

9) 2005년 8월 통계청 통계에 따르면, 기간이 제한되어 있더라도 1년 이상 한 직장에서 근무한 '장기 임시 노동자'가 전체 기간 제한 유형의 비정규직 노동자 중 53.8%에 달했다.

10) 2001년 노사정위원회 비정규직 근로자 특위 연구용역 자료를 작성한 안주엽과 최경수 등은 이러한 계산법으로 비정규직 규모를 측정하고 있다.

11) 김유선, 〈경제활동인구 부가조사 검토 의견〉(2001년 10월). 이것은 노사정위원회 비정규직 특위 제출 자료로, 좀 더 구체적인 내용은 한

국노동사회연구소 홈페이지(www.klsi.org)를 참조하라.

12) 김유선, 〈비정규직 규모와 실태〉(2005년 8월 경제활동인구 부가 조사 분석). 한국노동사회연구소 홈페이지(www.klsi.org)를 참조하라.

13) 김유선, 〈비정규직 규모와 실태〉.

14) 김유선, 〈비정규직 규모와 실태〉.

15) 자유주의 경제학자로 한국에서도 유명한 밀튼 프리드먼Milton Friedman은 "노동조합은 노동 시장의 독점"으로서 가능한 한 제거해야 할 악으로 간주하고 있다. 한국에서 대학 교재로도 많이 쓰이는 그의 《자본주의와 자유》(최정표 옮김(형설출판사, 1990))를 참고하라.

16) "경총 이수영 회장, 노동계 선심입법 계속 땐 기업 해외로 떠나", 《한국일보》(2006년 2월 9일 자).

17) 원래 거래비용이라는 개념은 기업 간 계약 과정에 주로 사용되던 것인데, 이를 기업과 노동자의 고용 계약 과정으로 확장한 것이다.

18) 2005년 국제노동기구(International Labor Organization, ILO)에서 발간한 《국제 노동 조사》에 따르면 근속 기간이 13.6년이 될 때까지는 근속 연수가 높을수록 생산성이 높아진다고 볼 수 있다고 밝히고 있다.

19) 네이버 백과사전 '구조 조정' 항목에는 다음과 같이 서술되어 있다. "기업에서의 개혁 작업을 '사업 구조 조정' 또는 '기업 구조 조정'이라고 하며, 이 같은 사업 조정을 추진하는 경영 절차 기법을 '비즈니스 리스트럭처링business restructuring'이라고 한다…성장성이 희박한 사업 분야의 축소 내지 폐쇄, 중복성을 띤 사업의 통폐합, 기구 인원의 감축, 부동산 등 소유 자산의 매각 처분 같은 방법은 수동적 리스트럭처링 기법이고, 국내외의 유망 기업과 제휴하여 새로운 기술을 개발시킨다거나 전략적으로 다른 사업 분야와 공동 사업을 추진하는 방법 등은 적극적 기법이다." 즉 구조를 조정한다고 하지만 고용과 조직을 줄이는 다운사이징 또는 슬림화가 주요 방식인 것이다.

20) 한국은행, 〈가계와 기업의 성장양극화 현상〉(2005년 1월). 한국은행 홈페이지(www.bok.or.kr)를 참조하라.

21) 기업별 노동조합은 한국과 일본을 제외하고는 거의 찾아볼 수 없는 특이한 형태다. 일반적으로는 기업을 넘어서서 산업별 또는 직종별로 조직된다. 노동자로서는 다수의 노동자가 하나의 조직으로 뭉칠수록 유리한데, 이 점에서 기업별 노동조합은 가장 잘게 노동자를 분할하는 형태로서 노동자에게 불리하다. 한국에서는 1980년 군사정권에서 기업별 노동조합을 법제화했는데, 1990년대 이후 노동법이 개정되면서 현재는 산업별 노동조합을 조직하려는 움직임이 활발해지고 있다.

22) 요즘 정규직에도 도입되고 있는 연봉제도 비슷한 개별화 효과를 낳는다. 즉 임금 및 노동 조건에 대해 집단교섭을 하는 것이 아니라 개인별로 교섭하는 것이다. 이는 노동자끼리 서로를 경쟁자로 느끼게 할 뿐 아니라, 집단교섭을 바탕으로 하는 노동조합의 영향력을 심각하게 약화시킨다.

23) "구조조정 뒤 계약·임시직 비애", 《한겨레》(1999년 9월 19일 자).

24) 전국금융산업노동조합·한국비정규노동센터, 〈금융산업 비정규직노동자 실태와 조직화 방안〉(2003), 106쪽.

25) 전국금융산업노동조합·한국비정규노동센터, 〈금융산업 비정규직노동자 실태와 조직화 방안〉, 107쪽.

26) 사회 운동과 노동 운동 등을 연구해온 사회학자 존 켈리John Kelly는 노동자들이 노동조합 활동이나 투쟁에 참여하는 것은 단순히 노동 조건에 대한 불만 때문이 아니라 그것이 '부당'하다고 느끼기 때문이라고 분석한다. John Kelly, *Rethinking Industrial Relations: Mobilization, Collectivism and Long Waves*(London: Routledge, 1998).

27) 이 인터뷰는 저자가 직접 진행한 인터뷰다. 이하 출처가 밝혀져 있지 않은 인터뷰는 모두 저자가 진행한 인터뷰다.

28) 한국노총 중앙연구원, 〈한국의 비정규직 노동자: 산업별 심층사례 연구〉(2002), 110쪽.

29) 공공 부문을 어떻게 정의할 것인가는 명확하지 않다. 산업 분류상 공공 서비스 부문이란 운수나 통신, 금융, 교육, 보건 의료 등 한 사회를 유지하기 위해 기반이 되는 부문을 의미한다. 경우에 따라서는 공공적

성격을 강조하기 위해서 이런 서비스 부문도 공공 부문이라고 부르기도 한다. 그러나 여기서 공공 부문은 좁은 의미에서의 공공 부문, 즉 사적 기업 활동에 맡기지 않고 국가가 책임지는 '정부 부문'을 지칭한다. 이러한 규정에 따르면 공공 부문의 활동이 민영화되면 그것은 더 이상 공공 부문이 아니다. 예를 들어 철도공사가 민영화되어 사적 기업이 철도를 운영하게 된다면 그것은 더 이상 공공 부문이라고 불릴 수 없다.

30) 공공 부문은 경제 기반을 위해 필요하지만 사적 기업이 맡기에는 초기 투자 비용이 부담되거나 이윤이 남지 않을 것 같은 부문을 정부가 투자하고 운영해줌으로써 사적 기업의 부담을 덜기 위해 확대되기도 한다. 특히 대규모 투자를 할 수 있는 자본이 축적되지 않은 상황에서 국가가 주도하여 자본주의 산업화를 이루는 경우에는 이러한 이유에서 공공 부문의 확대가 일어난다. 한국도 이에 해당하는데, 예를 들어 (지금은 민영화되었지만) 포항제철이라는 철강 기업을 정부가 투자하고 운영한 것은 이러한 이유에서다.

31) 물론 어디까지를 국가가 맡아야 할 기본적 공공 서비스로 규정할 것인가는 나라마다 다르다. 예를 들어 병원은 한국에서는 주로 사적 기업의 형태로 운영되지만, 공공 서비스라는 점에 근거해 아예 정부가 맡아서 운영하는 나라도 있다. 반대로 전기의 생산과 공급도 사적 기업이 맡아서 하는 나라도 있다. 따라서 국가가 맡아야 할 공공 서비스라는 규정은 당시의 사회적 상황에 따라 달라진다.

32) 신자유주의자들은 공공 서비스를 민영화하여 사적 기업에 맡기면 기업 간의 시장 경쟁에 의해서 품질 향상과 가격 인하를 가져올 것이라고 주장한다. 그러나 외국 사례에서 민영화한 공공 서비스 부문이 기업 간의 경쟁으로 이어지는 경우는 거의 없다. 이미 국가가 운영하면서 오랫동안 독점화가 지속된 부문에 새로운 기업이 신규 진입하기가 쉽지 않기 때문이다. 결국 공공 서비스의 민영화는 대자본이 독점적 영역을 인수하여 배를 불리는 경우가 대부분이다.

33) 국가인권위원회, 〈공공부문 비정규직 인권실태 조사〉(2003), 118쪽.

34) 국가인권위원회, 〈공공부문 비정규직 인권실태 조사〉, 166쪽.

35) 국가인권위원회, 〈공공부문 비정규직 인권실태 조사〉, 222쪽.

36) 국가인권위원회, 〈공공부문 비정규직 인권실태 조사〉, 166쪽.

37) 〈우리의 진짜 '사장님'은 대통령인가요?〉, 《말》, 2002년 3월호, 137쪽.

38) "정규직 전환 약속 어기고 무더기 해고 추진, 노동부 산하 기관이 이러니…", 《한겨레》(2005년 11월 5일 자).

39) "이랜드그룹, 3, 6, 9 비정규직제 논란", 《매일노동뉴스》(2006년 1월 24일 자).

40) 비정규노동센터, 〈경제활동인구 부가조사 분석〉. 한국비정규노동센터 홈페이지(www.workingvoice.net)의 자료를 인용했다.

41) 전국금융산업노동조합·한국비정규노동센터, 〈금융산업 비정규직노동자 실태와 조직화 방안〉, 104쪽.

42) 비정규직 철폐 100만 서명운동본부 홈페이지(http://sign.nodong.net) 발대식 자료집에서 인용했다.

43) 한국노총 중앙연구원, 〈한국의 비정규직 노동자: 산업별 심층사례 연구〉, 127쪽.

44) 한국노총 중앙연구원, 〈한국의 비정규직 노동자: 산업별 심층사례 연구〉, 116쪽.

45) 이운재·정경원, 《517일간의 외침》(다짐, 2002), 25~26쪽.

46) 한국노총 중앙연구원, 〈한국의 비정규직 노동자: 산업별 심층사례 연구〉, 117쪽.

47) 한국노총 중앙연구원, 〈한국의 비정규직 노동자: 산업별 심층사례 연구〉, 109쪽.

48) 한국노총 중앙연구원, 〈한국의 비정규직 노동자: 산업별 심층사례 연구〉, 141쪽.

49) 한국노총 중앙연구원, 〈한국의 비정규직 노동자: 산업별 심층사례 연구〉, 150쪽.

50) 박홍주, 〈성별화된 노동시장, 주변화된 여성노동자〉, 최장집 외,

《위기의 노동 — 한국 민주주의의 취약한 사회경제적 기반》(후마니타스, 2005), 121쪽.

51) "비정규직이란 직업이 정말 무섭다", 《프레시안》(2004년 12월 27일 자).

52) 2005년 노동만화전 전시작. 노동만화네트워크 들꽃 홈페이지(www.nodongmana.net)에서 더 많은 전시작을 둘러볼 수 있다.

53) 한국노총 중앙연구원, 〈한국의 비정규직 노동자: 산업별 심층사례 연구〉, 313쪽.

54) 한국노총 중앙연구원, 〈한국의 비정규직 노동자: 산업별 심층사례 연구〉, 125~126쪽.

55) 여기 실린 한국통신 계약직 노동조합과 관련된 내용과 인용은 모두 이운재·정경원, 《517일간의 외침》(다짐, 2002)을 참조하고 인용한 것이다.

56) 이운재·정경원, 《517일간의 외침》, 135쪽.

57) 이운재·정경원, 《517일간의 외침》, 143~144쪽.

58) 경제5단체, 〈최근의 비정규직 논의에 대한 경제계 입장〉(2004년 5월 5일) 발췌. 한국경영자총협회 홈페이지(www.kef.or.kr)의 보도자료에서 인용했다.

59) 물론 개별적인 노사 교섭에서 정규직 노동조합이 임금 인상 등을 양보하는 대신 비정규직 노동자를 정규직화하도록 교섭할 수는 있다. 이를 위해서 정규직 노동자들이 양보해야 하기 때문에 노동조합으로서도 어려운 선택이지만, 몇몇 사례가 있다. 그러나 다른 한편으로 기업 측에서는 이러한 교섭을 좋아하지 않는다. 정규직화가 전례가 되어 비정규직 사용이 어려워지는 것을 우려하기 때문이다. 따라서 기업은 차라리 정규직 노동자의 임금 인상을 받아들이는 한이 있더라도 비정규직 사용에는 제한을 받지 않으려고 한다. 따라서 노사 교섭에 의해 정규직화가 이루어진 경우에도 기존 비정규직 노동자의 정규직화일 뿐이지 신규 채용을 정규직으로 하는 내용의 교섭 타결은 거의 보기 드물다.

60) 기간제 고용·비정규직의 사용 기간을 제한하고 간접 고용에 대한

제한을 없애는 것을 주요 내용으로 한 비정규직 법안이 국회에 상정되었으나, 2006년 5월 처리가 유보되었다.

61) 일반적으로 전문직이란 오랜 교육과 훈련을 통해 높은 기술적 능력을 가져야 하는 직종을 가리키지만, 이런 통념적인 정의는 그 범주가 애매할뿐더러 허구적이기도 하다. 전문적 기술을 어떻게 정의할 것인가? 그것은 사회적 상황에 따라 다르다. 예를 들어 일제 강점기나 해방 직후에는 운전하는 일이 고소득 전문 기술직이었다. 차가 많지 않고 운전 기술을 배울 수 있는 환경도 마련되지 않았기 때문이다. 그러나 누구나 운전 기술을 쉽게 배울 수 있는 환경이 갖춰진 지금은 비숙련 노동으로 취급될 정도다. 즉 전문직은 절대적인 교육이나 기술 수준에 의거한 것이 아니라 그 시대의 노동 시장의 상황에 따른 것이다. 따라서 그 직종의 노동 시장을 통제할 수 있느냐를 가지고 전문직이라고 정의하기도 한다. 예를 들어 한국에서 변호사가 되기 위해서는 사법 시험을 통과해야만 한다. 아무리 법률에 대한 지식이 많은 사람이라도 매년 정원이 정해져 있는 시험을 통과하지 않으면 변호사로서의 노동 시장에 진입할 수 없다. 이처럼 특정한 방식으로 그 직종에 들어오는 노동 시장을 통제하지 않으면 엄격한 의미에서 전문직이라고 정의하지 않는다. 물론 일반적으로는 전문직 개념을 이렇게 좁은 의미로 쓰지는 않는다.

62) 같은 일을 하는데 임금에 차이가 나는 것에 대해 어떻게 생각하는가? 한국에서는 이를 당연하게 생각하는 경향이 있다. 무엇보다도 동일 직종이라도 대기업에 다니는 것과 중소기업에 다니는 사람의 월급 차가 얼마나 큰가? 그러나 이것은 노동자에게 임금을 지불하는 기업의 입장에서 보았을 때는 당연하지만, 노동자의 입장에서는 불합리한 것이 아닐까? 스웨덴에서 실시한 연대 임금 정책은 바로 이것이 부당하다는 생각에서 출발한다. 즉 전국적으로 동일 노동을 하는 노동자에게는 비슷한 임금을 주도록 규정하는 것이다. 이외에도 산업별 노동조합 형태라면 전국적으로 그 산업의 노동자를 모두 포괄하는 노동조합과 기업 대표가 교섭하기 때문에 동일 노동 동일 임금이 가능할 수 있다. 물론 이렇게 되어도 기업이 담합하여 특정한 업무를 전국적으로 비정규직화하는

것은 가능하다. 하지만 노사 교섭이 기업별로 이루어지고 기업별로 임금이 천차만별인 한국에서는 설사 동일 노동 동일 임금 원칙이 규정되더라도 한 기업 내에서만 적용될 것이기 때문에, 업무를 분리함으로써 쉽게 비정규직의 임금을 낮출 수 있다.

강상구, 《신자유주의의 역사와 진실》(문화과학사, 2000)

신자유주의라는 경제 구조를 해설한 책이다. 세계적 차원에서 자본주의의 구조 변동을 다룬다. 경제학 책이지만 쉬운 말로 풀어 쓴 것이 장점이다. 비정규직이란 현상은 구조적 차원에서 신자유주의에서 비롯된 것이므로 거시 경제 구조를 이해할 필요가 있다.

구해근, 《한국 노동계급의 형성》, 신광영 옮김(창작과비평사, 2002)

한국에서의 자본주의적 산업화, 임금 노동자 형성, 그리고 노동권을 위한 투쟁 과정을 서술했다. 1970년대에 주목하면서 그 이후의 과정은 상대적으로 짧게 다뤘다는 점에서 통사(通史)로서 읽기에는 무리가 있지만 자본주의화, 노동자 상태, 노동권을 위한 투쟁, 이 세 요소가 연결되는 과정을 이해하는 데는 모자람이 없다. 지금 한국 상황의 전사(前史)를 이해할 수 있다.

리오 휴버먼, 《자본주의 역사 바로 알기》, 장상환 옮김(책벌레, 2000)

이 책은 자본주의가 형성되면서 노동자가 기업에 고용된 임금 노동자가 되는 과정을 보여준다. 자본주의 초기 자유주의 시대를 그린 것으로 임금 노동자의 자유로운 시장 경쟁을 그대로 내버려두었을 때, 노동자의 상황이 어떻게 악화되었는지를 알 수 있다. 무척 옛날이야기라고 느껴지겠지만, 자유주의 시대로의 복귀를 꿈꾸는 신자유주의가 득세하는 지금 그 자유주의의 메커니즘이 무엇인지 우리에게 시사하는 바가 있을 것이다.

리처드 보이어·하버트 모레이스, 《알려지지 않은 미국 노동운동 이야기》, 이태섭 옮김(책갈피, 1996)

《자본주의 역사 바로 알기》바로 뒤의 시대를 다룬 책으로, 노동자의 투쟁에 의해 노동권이 수립되는 과정을 볼 수 있다. 이로써 초기 자유주의는 끝이 났다. 미국의 역사에 대한 책이라는 한계는 있으나, 노동권이 저절로 이루어진 것이 아니라 노동자들의 오랜 투쟁의 결과물이라는 점을 알 수 있다.

박하순·장귀연 외, 《신자유주의에 맞서는 노동운동》(사회운동, 2005)

한국의 비정규직 실태 및 노동 운동을 다룬 책이다. 한국 경제 구조나 비정규직의 상태를 다루었을 뿐만 아니라 국내 비정규직 노동운동에 대해 논한 유일한 자료다.

장시복, 《세계화 시대 초국적기업의 실체》(책세상, 2004)

역시 신자유주의적 세계화를 다루고 있다. 초국적기업에 초점을 맞추고 있긴 하지만, 자본의 세계화로 인해 노동자나 국가의 힘이 약해지고 노동권이 파괴되는 양상을 이해하는 데 도움이 된다. 결국은 이것이 비정규직을 낳는 것이다.

정이환 외, 《노동시장 유연화와 노동복지》(인간과복지, 2003)

비정규직에 대한 경제학자와 사회학자들의 연구서다. 이 책과는 달리 정통적인 노동 시장적 접근을 취하고 있다. 연구서인 만큼 조금 지루할 수는 있으나, 비정규직에 대한 학계의 주류적 접근 방식인 노동 시장적 접근과 이 책의 노동권적 접근을 비교해서 볼 수 있다.

최장집 외, 《위기의 노동─한국 민주주의의 취약한 사회경제적 기반》(후마니타스, 2005)
비정규직을 비롯하여 노동과 관련한 갈등과 불안이 근본적으로 한국 사회의 기반을 취약하게 만들고 있음을 보여준다. 비정규직 문제를 주요하게 다루고 있으며, 생생한 사례를 풍부하게 제시한다. 여러 필자들의 논문 모음집이지만, 문제의식을 일관되게 견지하고 있다.

권리를 상실한 노동자 비정규직

초판 1쇄 발행 2006년 6월 20일
개정 1판 1쇄 발행 2023년 1월 6일
개정 1판 2쇄 발행 2023년 8월 16일

지은이 장귀연

펴낸이 김현태
펴낸곳 책세상
등록 1975년 5월 21일 제2017-000226호
주소 서울시 마포구 잔다리로 62-1, 3층(04031)
전화 02-704-1251
팩스 02-719-1258
이메일 editor@chaeksesang.com
광고·제휴 문의 creator@chaeksesang.com
홈페이지 chaeksesang.com
페이스북 /chaeksesang   **트위터** @chaeksesang
인스타그램 @chaeksesang   **네이버포스트** bkworldpub

ISBN 979-11-5931-760-6 04080
      979-11-5931-400-1 (세트)